친구를 위한
복음

친구를 위한 복음

© 생명의말씀사 2020

2020년 5월 22일 1판 1쇄 발행
2022년 10월 17일   2쇄 발행

펴낸이 | 김창영
펴낸곳 | 생명의말씀사

등록 | 1962. 1. 10. No.300-1962-1
주소 | 서울시 종로구 경희궁1길 6 (03176)
전화 | 02)738-6555(본사) · 02)3159-7979(영업)
팩스 | 02)739-3824(본사) · 080-022-8585(영업)

지은이 | 서창희

기획편집 | 서정희, 장주연, 배정아
디자인 | 윤보람
인쇄 | 영진문원
제본 | 다온바인텍

ISBN 978-89-04-16705-0 (03230)

저작권자의 허락없이 이 책의 일부 또는 전체를
무단 복제, 전재, 발췌하면 저작권법에 의해 처벌을 받습니다.

친구를 위한 복음

서창희 지음

아메리카노를
마시며
내 인생을
응원해봐도.

어쩐지 마음
한구석이
쎄~한
친구를 위해

생명의말씀사

추천사 1

바뀌지 않는 복음을
바뀌는 시대 속에서 잘 풀어내는 책

이 책을 추천하도록 제 마음을 움직이는 내용이 있습니다. 이런 글귀였습니다. "나의 진로에 대한 응답은 사람에게서 얻을 수 있는 것이 아니라는 사실을 말이죠. 20대, 30대가 넘어 50대가 된다고 해서 인생의 불안과 미래에 대한 고민이 사라지는 것이 아니었습니다. 이것은 내가 직접 하나님 앞에서 풀어내야 했습니다." 그렇습니다. 인간의 본질은 바뀌지 않습니다. 복음도 바뀌지 않습니다. 한 세대가 가고 한 세대가 올 뿐입니다. 이 책은 바뀌지 않는 복음을 바뀌는 시대 속에서 잘 풀어내고 있습니다.

특히 신앙적 고민과 삶의 고민이 충돌하는 지점에서 이 책을 통해 많은 독자들이 새로운 통찰력을 얻게 되리라 생각합니다. 왜냐하면 정말 솔직 담백한 저자의 고민과 고뇌가 이 책에 담겨있기 때문입니다. 이 책이 세상에 나오기까지 말 그대로 산고를 겪으며 애를 썼을 저자의 모습이 그려집니다. 저자의 고백입니다. "간신히 남들이 부러워하는 직장에 들어갔지만 연봉, 적성, 이직에 대한 고민과 주변 사람들과의 비교에서 오는 불만족은 멈추지 않았고 그때마다 끝없이 제 신앙을 괴롭혔습니다." 아마, 이 시대에 누구나 하는 고민이 아닐까 생각합니다. 고민을 했던 입장에서 그 문제를 파고들어가서 길라잡이로서 이 책을 세상에 출산했다는 것은 참 아름답고 감동적인 일입니다.

그 어떤 추천사보다 다음의 저자의 고백은 이 책을 왜 읽어야 하는지를 잘 보여줍니다. "이 시대를 살아가는 한 젊은이가 씨름했던 직장, 돈, 진로, 사랑, 결혼과 같은 현실과 맞물린 신앙의 이슈들, 그리고 이런 이슈들 앞에서 복음을 전하는 자로서의 설득이 이 책에 녹아져있습니다." 고민과 변증과 생각하는 힘이 사라진 시대에 여전히 그 보석들이 살아 숨 쉬는 『친구를 위한 복음』. 이 귀한 책을 기쁘게 추천합니다. 청년의 때 여러분의 신앙이 삶과 만나고, 여러분의 고민이 삶과 손잡고 동행하는 은혜를 이 책을 통해서 누리시기를 응원합니다.

이상갑 _ 산본교회 담임목사, 청년사역연구소 소장

추천사 2

하나님은 진짜 있느냐, 만나봤느냐고 뾰족하게 물어오는 친구에게

친구가 나한테 교회 다니면 좋냐고 물을 때 뭐라고 대답하면 좋을까? 하나님은 진짜 있느냐, 만나봤느냐고 뾰족하게 물으면 오히려 내가 "왜 그것이 궁금한데?" 하고 되묻는 기적의 대화는 언제 생길까? 질문이라도 해줬으면 좋으련만 질문은커녕 '예수쟁이들 하는 짓 보소' 손가락질 그림자 얼핏 볼 때 가슴이 뜨끔하다.

청년들이 인생의 미래를 그리는 모양새가 예전과 다른 듯한데, 인터넷과 SNS와 게임, 유튜브 때문이리라. 온갖 허무의 답들을 쏟아내느라 스크롤은 끝이 없고 그것을 주워 먹기도 바쁜지 인생의 질문은 인스타그램 뺀질거리는 사진으로 치환된 후 '좋아요' 버튼이면 영혼이 충만할 노릇이다. 이것 참, 빈궁한 영혼을 채울 것만 같은 툴들이 너무 많아서인지 속 깊은 대화의 요령은 별로 신통치 않아 보인다.

어떡하지?

작심한 듯 미화된 말 한 토시 없는 책 제목을 보라. 두둥. 복음을 대화로 풀어낸 이 책은 유튜브 설교 링크 URL보다 훨씬 정답고 뾰족하다. 친구 한 사람을 내 앞에 앉혀놓고 대화하는 편지이기 때문이다. 멀쩡히 잘 사는 듯해 보이지만 영혼의 중심을 포옥 찌르면 허무의 바람이 솔솔 나오는 우리 곁의 친구. 내 친구. 내 손이 맞닿는 곳에 있는 나의 벗. 그 친구를 위한 눈빛이 읽힐 때 즈음 하나님의 온기를 담아 후반부에 손을 건네는 이야기가 꽉 차있다.

질문들이 참 좋다. 꼰대 목사님은 기도해라, 성경 읽어라, 교회 열심히 댕겨라, 믿어라 믿어라만 하셨을 텐데, 친구의 싱싱한 목소리는 참 듣기 좋다. 우리는 좋은 이야기를 듣고 싶다기보다 좋은 친구의 이야기를 듣고 싶은 것이다. 좋은 친구가 되고 싶다. 영혼을 돕는 친구가 되고 싶다면 이 책에서 대화의 줄기를 얻어 보자. 그리고 나만의 풍성한 질문이 더 생긴다면 책 끝 메시지처럼 길 끝에서 부르고 계시는 하나님이 얼핏 보일 것이다. "하나님 진짜 있어?" "응, 이 책 끝에."

한명수_ **우아한형제들(배달의민족) 크리에이티브 디렉터**

CONTENTS

추천사 • 4
프롤로그 • 11

Part 1. 이렇게 살아봐도… 삶이 비어있다

❶ 한 잔의 아메리카노를 마셔도 • 25

#1일 1아메 #욜로 라이프 #사랑하는 사람과 #영원히 살 순 없나
#죽음을 이긴 #유일무이한 분

❷ 원하는 것을 추구하는 삶도 • 43

#모든 게 낮은 자존감 때문이다 #나를 특별하게 만들어줄 #그 사람
그 물건 #내 존재가 특별하다고 말할 수 있는 근거 #삶은 선택이 아닌 #동행

❸ 내가 나를 사랑해봐도 • 65

#더 높은 나와 #더 낮은 나 사이에서 #네가 날 안다면 사랑할 수 없을 거야
#하나님의 사랑을 받는 나 #새로운 정체성

❹ 뜨거운 사랑에 빠져도 • 87

#왜 그가 나를 떠났을까? #감정적 사랑의 한계 #사랑의 다른 방식
#있는 그대로 사랑할 수 있는 힘은 #어디에서 나오는가

Part 2. 내 인생의 필요⋯ 하나님이 채우신다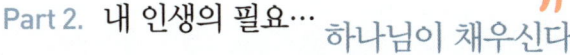

⑤ 의미가 필요하다 · 107

#인생 뭐 있었다 #모든 사람은 의미 있게 태어난다 #인간이 의미를 찾는 게 아니라 #하나님께 발견되는 것이다 #이해가 아니라 신뢰

⑥ 용기가 필요하다 · 129

#누구나 맞는 삶의 풍랑 #용기를 낼 수 있는 #근거가 필요하다
#내가 믿는 대상이 흔들릴 때 #나도 흔들린다 #진정한 용기는 어디서 오는가

⑦ 회복이 필요하다 · 151

#철저히 기억해서 복수하거나 #잊어버리거나 #이해할 수 없던 일들도
#해석되기 시작하다 #나쁜 일에서도 #좋은 일들이 만들어진다
#새롭게 발견되는 소망

⑧ 부활이 필요하다 · 169

#새로운 하늘과 땅 #나쁠 가능성조차 사라지는 곳 #부활 #죽음의 반전
#예수님 #내 영혼을 포기하지 않으시는 분

에필로그 · 193
주 · 199

친구를 위한
복음

프롤로그

영원히 묻힐 뻔했던 이면지 한 장

이 책은 고등학교 때 만난 한 후배의 이메일에서 시작되었습니다.

대학생이 되어 캠퍼스 생활을 시작할 무렵, 졸업한 고등학교의 중국어 선생님께 전화가 걸려왔습니다. 교내 신문에 수능을 준비하는 후배들을 위해 선배로서 수험생활에 관한 기고를 해달라고 하시더군요. 글을 보냈더니 원고가 훌륭하다며, 그대로 싣겠다는 확답을 얻었습니다. 사실, 그 글에는 의도가 있었어요. 이것을 통해서 후배들과 관계를 맺고, 후배들을 교회로 전도하고 싶었지요. 그래서 글 마지막에 일부러 이메일 주소도 적어뒀습니다.

 며칠 뒤 전화가 왔습니다. 그 글이 빠졌다는 것입니다. 교장 선생님이 새로 취임하셔서 제 글을 빼고 취임사를 넣어야 했답니다. 밀린 거죠. 저한테 너무 미안하셨던지, 그 글이 아까우니 A4용지에 인쇄하여 각 반에 붙여놓겠다고 하시더라고요. 남자 고등학교 교실에 종이 한 장을 붙여놓는다는 것은, 곧 의미 없는 휴지 조각이 된다는 말과 다름없다는 거 아시죠? 이럴 거면 뭐 하러 글을 썼는지!

 허탈했지만 이 일은 잊고 바쁘게 대학생활에 적응해가던 어느 날, 한 통의 이메일이 왔습니다. 한 후배였습니다. 선배님의 글을 잘 읽었다고, 선배님께 도움을 얻고 싶다고 하더군요. 신기해서 어떻게 그 글을 읽었는지 물어봤죠.
 역시, 교실에 종이 한 장이 이리 치이고 저리 치이며 날아다니고 있더랍니다. 가족과 중국 여행을 가야 하는데, 몇 가지 중국어 표현을 선생님께 여쭤보려고 이면지로 그 종이를 사용했대요. 중국어 표현을 외우다가 그 종이 뒤를 보니 시커멓게 흑백으로 인쇄된 얼굴과 함께 어떤 선배가 글을 써놓았는데 글이 흥미로웠다는 거죠. 이면지는 굴욕적이었지만 이 후배와의 관계는 결코 예사롭지 않을 것 같다는 느낌이 들었습니다.

수능으로 시작된 인생 이야기

그 후배를 직접 만났습니다. 좋은 대학에 들어가고 싶어 하는 평범한 학생이었습니다. 선배들을 지켜보며 대학으로 인생의 방향이 나뉘는 듯한 모습에 압박감을 느끼기 시작했고, 그래서 미래에 대해 처음으로 진지하게 고민을 하게 된 것 같았습니다.

단순히 공부 이야기를 나누게 될 줄 알았는데, 질문과 답이 오고 가던 우리의 대화가 어느새 삶에 대한 근본적인 질문으로 바뀌어있었습니다.

"원하는 것을 이루지 못해도 제 삶은 계속 살아갈 가치가 있나요?"
"노력해야 된다는 것을 알면서도 스스로를 적당히 합리화하는 내 모습이 싫을 때는 어떻게 하시나요?"
"사회가 나에 대해서 가능성을 낮게 평가할 때 마음이 무너질 때가 있지 않나요?"

그는 수능이 아니라, 삶을 물었습니다. 삶의 명암을 해석하고 바라보는 저의 믿음은 무엇인지를 물었던 것이죠. 저는 그 친구에게 선배와 후배가 아닌, 인격 대 인격으로 답해야 했습니다.

인생의 근본을 두드리는 영적인 질문에 저는 하나님을 이야기하지 않을 수 없었습니다. 저나 그 친구나 인생의 초보였기에 깊이가 있는 대화는 아니었지만 이야기 속에서 우리는 친해졌고, 그는 제가 입시를 도와준 대가로 교회를 어쩔 수 없이 '따라가주는' 처지가 되었습니다.

삶으로 마주한 인생의 질문들

삶에는 우리를 겸손하게 하는 순간들이 찾아옵니다. 내 자신이 누군가에게 조언할 처지가 못 된다는 것을 깨닫는 순간 말이죠. 한 분야에서의 성공과 조그마한 내 경력으로는 남의 인생을 함부로 해석할 수 없다는 깨달음 말입니다.

저와 그 친구는 그가 질문하고 제가 답하던 처지에서 같이 질문하고, 같이 답을 찾는 처지로 바뀌었습니다. 저는 어렸을 때부터 신앙생활을 해왔고 괜찮은 대학을 나왔지만 집안의 온갖 가난과 진로의 문제로 정신병에 걸릴 지경이었습니다. 모든 삶의 문제가 저에게 '이렇게 처절한 현실에서도 신앙은 과연 의미가 있는 것인지'를 대답하라는 요구로 느껴졌습니다. 졸업을 앞두고 경영학과에서 가장 탁월한 강의로 인정받으시는 한 교수님을 찾아가서 진로 상담을 부탁했더니 이런 대화가 오고 갔던 기억이 납니다.

"교수님, 제가 이렇게 진로 계획을 세웠는데요. 이 길이 맞는지 확신이 서질 않습니다."
"그 고민은, 오십이 넘은 내가 교수생활을 하면서 아직도 하고 있는 고민이야. 그러니까 나한테 묻지 말게."

저는 그때 알았습니다. 나의 진로에 대한 응답은 사람에게서 얻을 수 있는 것이 아니라는 사실을 말이죠. 20대, 30대가 넘어 50대가 된다고 해서 인생의 불안과 미래에 대한 고민이 사라지는 것이 아니었습니다. 이것은 내가 직접 하나님 앞에서 풀어내야 했습니다.

간신히 남들이 부러워하는 직장에 들어갔지만 연봉, 적성, 이직에 대한 고민과 주변 사람들과의 비교에서 오는 불만족은 멈추지 않았고 그때마다 끝없이 제 신앙을 괴롭혔습니다. 제가 저의 삶을 통해 신앙을 설득력 있게 설명하지 못한다면, 후배에게 아무리 많은 조언을 해준들 내가 가진 신앙이 설명될 것 같지 않았습니다.

현실을 통한 신앙의 검증

한편 그 친구는 자신의 삶의 무기로 '학문'은 적당하지 않다는 것을 일찌감치 깨닫고 벤처 사업을 시작하여 CEO가 되었습니다. 큰 성공과 실패를 모두 맛보며 저보다 삶의 잔뼈가 더 굵은 사람이 되어, 과연 기독교가 답이 될 수 있는지 저보다 치열하게 고민하기 시작했습니다.

선배를 따라서 신앙을 모방하기만 했던 그는, 현실에서 기독교가 내 삶을 어떻게 해석하는지 저에게 역으로 질문했습니다. 기독교라는 종교가 철저히 현실주의자인 사람 앞에 놓였다고나 할까요? 저는 그를 이리저리 설득하기 위해 외국의 저명한 목사님들의 책을 선물해보았습니다. 그는 내용에 공감하고 좋은 책이라고 인정했지만, 그에게 한국의 문화적 현실을 토대로 신앙을 이해시키기는 어려웠습니다.

그 친구 앞에 놓인 현실은 책 속의 이론과는 괴리가 있었습니다. 저는 제 앞에서 이 시대 한국의 현실을 살아가는, 기독교를 전혀 모르는 그 후배에게 답을 해줘야 했습니다.

"왜 미래를 위해 참아야 합니까? 오늘을 즐기는 것은 잘못된 것입니까?"
"내가 원하는 대로 살고 싶습니다. 그러면 하나님이 벌 주시나요?"
"나는 하나님의 사랑이 필요 없습니다. 나는 나 스스로를 사랑합니다. 내가 나를 사랑하면 되는 것 아닙니까?"
"나는 남자 친구나 여자 친구만 있으면 그만입니다. 도대체 종교라는 게 무슨 소용이죠?"

이 적나라하고 단도직입적인 질문들을 '성경'으로 답해야 했습니다. 이 질문들은 현재 한국 사회의 젊은 세대들에게 닥친 질문들이기 때문입니다. 이 책은 그 답을 찾아가는 저와 친구의 과정을 담았습니다.

볶음? 복음!

이 책은 여러분에게 복음(福音, gospel)을 전할 것입니다. 그런데 '복음'이라는 말부터가 한자라서 어렵습니다. 일상에서 전혀 사용되지 않는 단어입니다.

어렸을 때 교회에서 전도를 독려하기 위한 행사를 했던 기억이 나네요. 깃발을 흔드는 세리머니를 하기 위해 '복음 전파'라고 적힌 깃발을 업체를 통해 주문했습니다. 인쇄 업체 사장님께 전화로 "'복음 전파'라고 적어주세요"라고 말했습니다.

교회에 택배가 도착해서 열어 보니 깃발에 뭐라고 적혀 있었을까요? '볶음 전파'라고 적혀있었습니다. 참 웃지 못할 이야기죠. 전화를 받은 사장님은 제육볶음, 오징어볶음 사업을 해외에 전파하는 단체로 오해했던 것입니다. 그 정도로 복음이라는 단어는 우리 삶에서 사용되지 않는 단어가 되었습니다.

복음은 좋은 소식(good news)이라는 말입니다. 여러분에게 조언을 주기 위한 자기계발 이야기도 아니고, 어떤 사람의 성공담도 아닙니다. 예수님이라는 분이 이 땅에 오신 것이 내게 왜 좋은 소식인지를 설명하는 것이 복음입니다.

합격 통지를 받는 것은 좋은 소식입니다. 승진 공지를 받는 것은 좋은 소식입니다. 마찬가지입니다. 성경은 예수님이 오신 것이 좋은 소식이라고 말합니다. 그것이 왜 좋은 일인지, 이 책은 그것을 설명할 것입니다.

친구를 위한 복음

이 책은 복음을 전하는 방법을 이야기하지는 않습니다. 어떻게 하면 복음을 잘 전할 수 있는지를 분석한 책도 아니지요. 이 책 자체가 복음을 전합니다. 이 책은 복음을 전해주고 싶은 친구를 위한 책이에요. 그래서 이 책을 만나게 될 사람들을 '친구'라고 부르기로 했습니다. 나의 사랑하는 친구에게 좋은 소식을 건네주는 책이기에 『친구를 위한 복음』입니다.

이 시대를 살아가는 한 젊은이가 씨름했던 직장, 돈, 진로, 사랑, 결혼과 같은 현실과 맞물린 신앙의 이슈들, 그리고 이런 이슈들 앞에서 복음을 전하는 자로서의 설득이 이 책에 녹아져있습니다. 사랑하는 나의 부모, 친구, 직장 동료에게 직접 복음을 소개해주고 싶지만 우리의 언변은 부족하기만 하고 주어진 환경들은 그리 녹록지 않을 때가 많습니다. 이 책은, 먼저 그 고민과 대화를 시도했던 사람들의 이야기를 통해 나의 사랑하는 사람들에게 복음을 있는 그대로 전달할 것입니다.

친구가 변한 복음

제가 전도했던 그 친구는 어떻게 되었을까요?

벤처기업의 CEO였던 제 후배는, 결국 주님을 인격적으로 만나고 전도사가 되었습니다. 그리고 지금 저희 교회에서 저와 함께 복음을 전하고 있습니다. 좋은 소식을 듣는 데서 그치지 않고, 좋은 소식을 전하는 사람으로 변화된 것입니다.

교내 신문에 기고하려다가 실패한 이면지 한 장과 우연히 읽었던 이메일 한 통이, 한 사람의 운명을 바꾸어 놓음과 동시에 이 책으로까지 연결되었습니다.

친구가 당신에게 이 책을 주었다면 당신에게도 운명이 바뀌는 계기가 될지 모릅니다. 삶의 변화의 시작은 복음 안에 있기 때문입니다. 친구가 전해준 복음이 당신을 변화시킬 것입니다.

Part 1

이렇게 살아봐도… 삶이 비어있다

① 한 잔의 아메리카노를 마셔도

#1일 1아메 #욜로 라이프
#사랑하는 사람과 #영원히 살 순 없나
#죽음을 이긴 #유일무이한 분

"우리는 미래를 준비하는 게
싫어서가 절대 아닙니다."

"아무리 노력해도 미래를 기대할 수 없으니,
지친 마음이 일단 현재로부터 위로를 받고 싶어
발버둥 치는 것뿐이죠."

하고 싶은 거 하세요

제 친구가 인스타그램에서 의미 있는 카드 뉴스를 봤다며 공유해주었습니다. 한 가수가 토크 콘서트에서 "청춘을 어떻게 살아야 합니까?"라는 질문에 이렇게 대답한 내용이더라고요. 당시 저도 이에 대한 고민을 거듭하던 시기였기에 그분의 대답이 마음을 후련하게 했습니다. "몸 사리지 말고 하고 싶은 거 하세요!" 인생을 살아보니 왜 좀 더 무모하지 못했을까 후회가 된다고 했습니다. 그리고 언젠가 라디오에서 들었던 이 말을 평생 잊지 못한다고 고백하더라고요. "여러분! 하고 싶은 거 하세요!"

아마 우리 모두가 이 말에 공감할 거라고 생각해요. 그 가수는, 20대에는 자기 수입의 80퍼센트를 저축해야 한다는 말을 듣고 끔찍함을 느꼈대요. 그 말에 반대하는 이유가 정말 공감되더라고요. 첫째, 우리가 늙어서까지 산다는 보장이 어디 있으며, 둘째, 늙어서 잘 살려고 왜 오늘 먹고 싶은 아메리카노를 참아야 하냐는 것이죠. 오늘의 확실한 행복을 위해 좋은 카페에서 아메리카노를 마시는 것이 더 나은 선택이 아니냐는 생각입니다.

우리 시대는 그 마음을 한 단어로 표현하기 시작한 것 같아요. '욜로'(YOLO, You Only Live Once)입니다. 인생은 한 번뿐이니 가장 즐겁고, 가장 하고 싶은 것을 젊었을 때부터 하고 살라는 시대정신입니다. 다르게 말하면 '소확행'(작지만 확실한 행복)이라고 할 수 있어요. 젊은이에게는 꿈이 있어야 한다던데, 어쩌다가 우리는 이렇게 된 것일까요? 미래를 기대하고 투자한 나의 노력의 결과에 실망했기 때문이겠죠. 노력해서 급여를 모아도 변변찮은 집조차 마련하기 어렵고, 노력해서 회사에 들어가도 너무나 힘든 업무에 시달리기만 하니까요.

그렇지만 우리는 미래를 준비하는 게 싫어서가 절대 아

닙니다. 아무리 노력해도 미래를 기대할 수 없으니, 지친 마음이 일단 현재로부터 위로를 받고 싶어 발버둥 치는 것뿐이죠.

오늘의 아메리카노

저는 이 말에 매우 공감이 되어 그 가수의 삶이 어땠는지 궁금해졌습니다. 그러다가 이 사람이 어떤 배경에서 그런 이야기를 하게 되었는지, 좀 더 이해할 수가 있었어요.

그분의 동생은 몇 년 전 불의의 교통사고로 세상을 떠났다고 해요. 청량리역에서 지하철 공사를 하던 포클레인에 깔려 그만 그 자리에서 목숨을 잃은 거죠. 사고 당일 아침에 "언니, 운동화 좀 신고 나갈게"라는 동생의 말에 "어, 그래!"라고 대답했답니다.

정말 평범했던 그날, 아무런 인사도 없이 동생을 떠나보내는 아픔을 맞게 된 것입니다. 바로 그분은 동생의 죽음 때문에 삶의 태도가 바뀐 거였어요. 알 수도 없는 미래를 위해서 적금을 넣고, 공부를 하고, 야근하며 고생을 해봐야 결국 이렇게 갑자기 죽음으로 모든 것이 사라지는 게 우리 삶이라는 사실에 충격을 받은 거죠. 차라리 언제 죽음이 다가올지 모르니 오늘이 내 마지막 하루라고 생각하고 사랑하는 사람과 멋지게 살고, 마음껏 여행을 다니고, 사고 싶은 옷을 사고, 먹고 싶은 음식을 실컷 먹는 것만이 삶의 의미라고 결론 내리게 된 겁니다.

그분은 우리 모두가 인생에서 가장 회피하고 싶은 사실을 조금 일찍 경험했습니다. 삶에는 끝이 있다는 것, 언젠가는 사랑하는 사람과 헤어져야 한다는 것, 삶이란 영원하지 않다는 것 말이죠. 이런 삶이라면, '미래'라는 것에는 도대체 무슨 의미가 있는지 고민했던 것입니다.

그분의 인생 조언을 들으며 '나도 슬픈 생각은 하지 말고 오늘 먹고 싶은 아메리카노를 사 먹으며 삶을 즐겨야지'라고 순간 생각했습니다. 하지만 공감 이후에, 또 다른 질문이 바로 떠오르더라고요. 동생을 영원히 잃은 슬픔이 과연 오늘의 행복으로 덮일 수 있을까요?
아메리카노가 아무리 진해도, 우리의 인생, 우리가 살면서 만들어온 관계의 깊이는 그것과 비교할 수 없을 정도로 더 진하고, 무거운 것이라 생각해요. 현재를 즐기자고 말은 하고 있지만, 아직 우리 마음속에는 그 의미를 묻고 있는 여러 고민들이 남아 뜨거운 아메리카노로도 녹지 않고 돌덩이처럼 딱딱하게 남아있는 것만 같습니다.

부모님을 깊이 사랑했던 딸의 고백

회사에서 근무를 함께 했던 한 여자 동기와의 대화가 생각납니다. 이 친구는 지방에서 서울로 올라와 좋은 대학을 나오고, 드디어 좋은 직장에 취직한 친구였습니다. 곧 결혼도 앞두고 있었어요. 겉으로 볼 때는 아무 문제가 없어 보였지요.

그런데 그 동기가 제가 신앙생활을 하는 것을 알고 회식 중에 한 가지 고민을 털어놓더라고요. 무엇인지 물었더니 "나는 부모님을 정말 존경하고 사랑해"라는 말로 시작하더 군요.

자기는 지금까지 사랑하는 부모님께 어엿한 딸이 되기 위해 최선을 다했고, 마침내 안정적인 삶을 누리기 시작했다는 것입니다. 그런데 그런 생활이 지속될수록 업무와 연

○   아메리카노가 아무리 진해도,
우리의 인생,
우리가 살면서 만들어온 관계의 깊이는
그것과 비교할 수 없을 정도로
더 진하고,
무거운 것이라 생각해요.

애, 결혼과 같이 삶에 감당해야 할 책임들이 늘어만 가면서 고향에 내려가거나 부모님께 전화를 드릴 시간이 점점 줄어들었던 것이죠. 오랜만에 부모님을 뵈러 갔는데, 너무나 야윈 어깨와 흰머리 때문에 마음이 아파서 쏟아지는 눈물을 참느라 혼났다는 것입니다.

물론 이 친구는 부모와 정서적으로 독립한 건강한 친구였습니다. 하지만 이 인생의 역설이 너무 싫은 거예요. 부모님을 기쁘게 해드리기 위해 살았는데, 그럴수록 부모님과 지낼 시간이 줄어들다가, 끝내 허무하게 헤어져버리게 된다니요.

직장과 결혼생활의 기쁨이 커져가는 동시에, 부모님과도 이전처럼 시간을 보내며 인생의 커져가는 기쁨을 계속 누릴 수는 없는 것일까요? 잘 자리 잡은 서울에서의 생활이 정말 기쁘다가도 갑자기 한없이 아쉽고 슬퍼질 때가 있다고 고백했습니다.

저는 그 동기를 위로하기 위해 누구나 그렇게 살아가는 것이라고, 너무 슬퍼할 필요 없다고 일반적인 대답을 해주었습니다. 그런데 제가 신앙생활을 열심히 하는 것을 잘 알고 있던 터라 저에게서 어떤 특별한 대답을 기대했던지, 그냥 넘어가지 않더라고요. "그러면 나는 그냥 어쩔 수 없이 정말 사랑하는 부모님과 이렇게 단절되어버리면 되는 거야? 교회 다니는 사람들은 이걸 어떤 식으로 생각해?"

저는 그 회식이 끝나고 그 친구에게 복음을 전했습니다. 저는 우리가 삶을 살아가면서 잃어버리고 포기해야 하는 기쁨, 추억, 사랑 등을 다시 찾을 수 있는지를 대답해주어야 했어요. 현실을 인내하며 살아가면, 잠시 잃어버리고 헤어졌던 모든 기쁨을 다 되찾을 수 있는 소망이 기독교에 있는지 답해야 했습니다. 결국 그 모든 소망을 가로막고 있는 우리 삶의 주제, 죽음을 이야기하지 않을 수 없었던 것이죠.

나이 먹는 게 두렵다는 겁니다

우리가 아무리 원하는 것을 얻고 누리며 살지라도 언젠가 그 모든 기쁨을 가로막는 요소가 찾아옵니다. 바로 '죽음'입니다. 도대체 늙는다는 것이 무엇인지, 이 죽음은 도대체 무엇인지, 이해가 되지 않습니다. 영원히 젊을 순 없을까요? 영원히 사랑하는 사람과 행복하게 즐거운 일을 계속할 순 없을까요? 그래서 『그리스인 조르바』라는 소설에서 유희를 즐기던 주인공 조르바가 이렇게 고백하죠.

"날 겁나게 하는 문제는 딱 한 가지인데, 그것 때문에 밤이고 낮이고 편안하지가 않아요. 뭔가 하면, 나이 먹는 게 두렵다는 겁니다! 죽는 건 아무것도 아녜요. 훅 불면 촛불이 꺼지는 것, 뭐 그런 거 아니겠습니까? 하지만 늙는 건 창피한 일입니다." [1]

나이가 아직 창창하신 분들은 소설의 주인공처럼 죽음이란 것에 대해 별로 두렵게 느끼지 않으실 수 있어요. 저도 살다보면 늘 오래오래 살 것 같기만 하더라고요. 하지만 엄밀히 말하면 우리는 지금도 조금씩 죽음을 향해 가고 있죠. 그러니깐 늙어간다는 것은 죽음과 가까워지는 거예요.

아예 '늙음'으로 한 단계 낮추어서 생각해보면 이해가 되실 것 같아요. 늙는다는 것은 무엇인가 거부감이 들지 않나요? 왜 사람은 늙어야 할까요? 사실 조르바도 이 말을 하고 있는 것 같아요. 결국, 늙지 않고 죽지 않고 이 영원히 젊은 나의 삶, 주변 사람들과 행복한 나의 삶을 지속할 수는 없는지 등 인간의 근원적인 갈망을 말하는 거겠죠. 혹시 주변에 "죽음 이후는 없고 죽으면 다 끝일 뿐이야"라고 외치는 그 사람도, 말은 그렇게 하지만 주변의 사랑하는 사람과 영원히 이야기하고 관계 맺으며 행복하게 살고 싶다는 그 갈망 자체를 부정할 수는 없을 겁니다.

사람은 원래 늙지도, 죽지도 않았어요

인간은 어차피 죽으니, 오늘만을 위해서 살자는 사람들이 성경 시대에도 있었어요. 로마 시대에 고린도라는 지역이 있었습니다. 고린도는 로마 식민지여서 로마 문화가 융성했고 명성 높은 웅변가, 귀족, 철학자들이 다 이 도시를 지나다녔어요. 고린도 사람들은 유명인을 좇아서 그들과 한패가 되어 인생을 즐겁게 살려고 최선을 다했습니다.

바울은 그러한 시대 속에 살아가는 고린도교회에 다니는 교인들에게 편지를 썼는데, 특별히 기독교인이 믿는 부활에 대해서 이야기하면서 죽음을 넘어서려는 욕구를 포기하지 말라고 말합니다. 그의 이야기를 들어보시죠.

> 만일 그리스도 안에서 우리가 바라는 것이 다만 이 세상의 삶뿐이면 모든 사람 가운데 우리가 더욱 불쌍한 자이리라 그러나 이제 그리스도께서 죽은 자 가운데서 다시 살아나사 잠자는 자들의 첫 열매가 되셨도다(고전 15:19-20).

이 세상의 삶밖에 없다면, 죽기 전에 아메리카노를 마시며 오늘의 행복을 위해 사는 게 맞겠지만, 바울은 새로운 이야기를 하네요. 죽음 이후의 스토리, 죽음을 이기고 계속되는 삶이 있다고 말합니다. 죽음을 넘어서신 존재, 다시 살아나신 예수 그리스도를 통해서 우리도 그 삶이 가능하다는 거죠.

제 생각엔 이 한 가지만큼은 우리가 인정해야 한다고 생각해요. 사람에게는 원래 영원히 젊고, 영원히 행복하고, 영원히 현재를 즐기고 싶은 마음이 있다는 것. 그것을 방해하는 것은 늙음과 죽음이라는 것. 그러나 '죽은 자 가운데서 다시 살아나신' 존재가 있고(믿거나 말거나), 만약 그것이 사실이고 나도 그렇게 될 수 있다면 영원히 젊게 살고 싶은

우리는 지금도
조금씩 죽음을 향해 가고 있죠.
그러니깐 늙어간다는 것은
죽음과 가까워지는 거예요.

그 생각을 포기할 필요가 없다는 말입니다. 그 갈망은 허상이 아니라 실체임을 변론하기 위해 C. S. 루이스라는 작가는 『순전한 기독교』에서 이렇게 말했어요.

> 피조물이 태어날 때부터 느끼는 욕구가 있다면 그 욕구를 채워 줄 것 또한 있는 것이 당연해. 아이는 배고픔을 느끼지. 그러니까 음식이란 것이 있잖아. 새끼 오리는 헤엄치고 싶어 하지. 그러니까 물이란 것이 있는 거고. 또 사람은 성욕을 느껴. 그러니까 성관계란 것이 있잖아. 그런데 만약 이 세상에서 경험하는 것들로 채워지지 않는 욕구가 내 안에 있다면 그건 내가 이 세상이 아닌 다른 세상에 맞게 만들어졌기 때문이라는 것이 가장 그럴듯한 얘길 거야.[2]

죽음을 이길 수 없다면 그 가수의 이야기가 맞아요. 오늘을 위해 사는 것이 최선이죠. 하지만 죽음을 이기고 싶은 마음이 우리 안에 있다면, 영원히 젊음을 유지하고 싶은 마음이 우리에게 있다면 아마 그 답도 있다는 것이 가장 그럴듯한 이야기인 것 같아요.

죽음을 이기고
계속되는 삶이 있다고 말합니다.
죽음을 넘어서신 존재,
다시 살아나신 예수 그리스도를 통해서
우리도 그 삶이 가능하다는 거죠.

② 원하는 것을 추구하는 삶도

#모든 게 낮은 자존감 때문이다
#나를 특별하게 만들어줄 #그 사람 그 물건
#내 존재가 특별하다고 말할 수 있는 근거
#삶은 선택이 아닌 #동행

"와, 저 사람 서울대래!"
"저 친구는 삼성에 다닌대!"
"저 여자가 들고 있는 가방 진짜 비싼 거래!"

사람은 모두 대상을 통해
자기를 높이고 있네요.

자존감의 배신

 모든 사람은 자기 자신이 존귀하고 가치 있는 존재라고 생각합니다. 그리고 그만큼 자기 자신을 잘 가꾸는 세대라고 할 수 있지요. 한 기업에서 채용을 담당하시는 분과 이야기를 나누어보니 요즘처럼 스펙이 화려하고, 잘 준비된 세대가 없는 것 같다고 하시더라고요. 얼마나 젊음을 알차게 준비한 사람들인지 감탄할 때가 많다는 거죠.

 그런데 이상합니다. 이렇게 내가 잘났다고 말하는 시대에, 왜 『자존감 수업』이라는 책이 그렇게 인기일까요? 그만큼 내 삶의 가치를 찾고 싶은데, 내 삶이 가치 있는 이유,

의미 있는 근거를 찾기 어려워졌다는 말이 아닐까 합니다.

좋은 대학에 들어가지 못했거나, 취직을 하지 못해서 자존감이 낮아진 거라고 생각하기도 합니다. 하지만 그거 아세요? 실제로 꽤나 좋은 직장을 다니는 사람들과 공무원 시험에 합격한 사람들도 무력감과 무가치함에 힘겨워하고 있더라고요.

저는 20대, 30대의 많은 청년을 만나면서 이 부분이 궁금했습니다. 사람들의 스펙은 날로 좋아만 갑니다. 그런데 왜 남들이 부러워할 만한 학벌, 직장을 가진 사람들도 내면은 점점 힘들어지는 것일까요?

3,732개의 모발

그런 고민들을 저보다 먼저, 더 깊게 하신 분들이 있더라고요. 현대인들의 정체성을 연구한 분들에 따르면, 요즘 사람들은 자신의 특별함을 특별한 '대상' 속에서 찾는다고 합니다. 이것이 하나님을 떠난 서구 사회 그리고 한국 사회에서도 나타난 특징이래요. 찰스 테일러라는 캐나다 철학자는 『불안한 현대 사회』라는 책에서 이 시대의 사람들이 얼마나 특별한 '대상'을 찾아서 나를 특별하게 만들고 싶어 하는지를 이렇게 설명합니다.

> 내 자신을 정의하는 일이란 타인과 나를 구별시키는 데 있어 중요한 것이 무엇인지를 찾아내는 것을 의미한다. 나는 머리에 정확히 3,732개의 모발을 갖고 있을 수 있거나, 혹은 시베리아 평원에 있는 어떤 나무의 크기와 똑같은 키를 가진 그런 유일한 사람일 수 있다. 그러나 그런 정의가 무슨 의미가 있는가? …사물들은 그 근거가 이해 가능할 수 있을 때 의미를 얻는다.[3]

철학자의 어려운 말인 듯하지만 핵심은 아주 간단해요. 누군가가 여러분에게 "너는 특별하고 존귀한 존재야. 왜냐하면 모발이 3,732개나 있거든!"이라고 말한다면 어떻게 반응할 것 같으세요? 저는 아마 비웃으며 이렇게 말할 것 같습니다. "머리카락이 그만큼 있는 게 뭐가 대단한 거니?"

우리는 이 말이 본능적으로 이상하다는 것을 압니다. 왜 그럴까요? 가치 있는 이유로 삼고 있는 '대상(모발)이 충분히 존귀하고 특별하지 않기 때문'이겠죠.

○ 사람은 특별한 대상, 높은 대상과
나를 '연결시켜' 나의 가치를
드러내려고 한다는 것입니다.

이제 현대인들이 하나님이나 어떤 신적인 존재를 제외하고 살아가면서 자신의 삶의 가치를 어떻게 찾아가는지 보이실 거예요. 사람은 특별한 대상, 높은 대상과 나를 '연결시켜' 나의 가치를 드러내려고 한다는 것입니다. 이것이 하나님을 떠나서도 변하지 않는 인간의 본성입니다.

반대로 한 사람에 대해 이렇게 평가해보겠습니다. "너 정말 피아노를 잘 치는구나!" 모발과 피아노를 비교해보세요. 분명히 대상을 통해 사람을 표현했는데, 받아들여지는 느낌은 다르시죠? 피아노 치는 재능은 아무나 가진 것이 아닌 특별한 것이라는 생각이 있기 때문에 칭찬이 좀 더 의미 있게 받아들여집니다.

이제 느낌이 좀 오시지요? 그 사람의 삶이 가치 있으려면, 그 사람을 말하기 위해 사용하는 '대상'이 가치 있어야 한다는 말입니다. 이 문화적인 현상을 이해하고 나면, 주변 사람들이 감탄하는 모든 것이 이해되기 시작하지요. "와, 저 사람 서울대래!", "저 친구는 삼성에 다닌대!", "저 여자가 들고 있는 가방 진짜 비싼 거래!" 사람은 모두 대상을 통해 자기를 높이고 있네요.

다시 태어나라니

 그래서 우리 시대는 나를 높여줄 학벌, 재력, 능력과 같은 대상에 집착하게 만드는 것 같아요. 저는 한때 외국계 투자은행에 들어갈 준비를 했었어요. 실력과 열정만 있으면 내가 원하는 곳을 마음대로 선택해서 갈 수 있으리라 생각했지요. 그래서 증권업계에 계시는 선배님께 조언을 얻기 위해 통화를 했습니다. 저를 귀엽게 봐주신 선배님은 현실적인 조언을 해주시더라고요. 그런데 그 얘기가 너무 충격적이었어요.

 "일단 그곳에 들어가려면, 다시 태어나는 게 좋아. 왜냐하면 거기는 서울대학교 출신밖에 뽑지 않거든. 그리고 아버지 직업이 중요해. 대부분은 장관이나 높으신 분의 자제분들이 뽑히는 경우가 많아. 너희 아버지가 뭐 하시지?"

 진로를 고민하는 저에게 그 말은 충격이었습니다. 다시 태어나라니요? 내가 가치 있어지기 위해서 세상에 있는 특별한 대상을 얻는 방법을 물었더니, 나의 인생을 송두리째 부정하고 다시 태어나는 방법밖에 없다는 것입니다. 저는 우리 시대 많은 젊은 분의 고민이 이것이라고 생각해요.

"가치 있는 대상을 갖지 못하면 삶도 의미가 없다"는 문화의 전제에 빠져버린 것이죠.

그런데 똑같은 고민을 앞서 소개했던 제 후배가 하고 있더라고요. 그는 저보다 대학에 대한 아쉬움을 더 크게 느끼고 있었어요. 그 친구의 말을 들어보니, 어느 정도 알아주는 대학을 가면 좀 더 가치 있는 인생이 될 것이라는 환상에 빠져있더라고요. 그 대학을 이미 다니고 있던 저도 똑같은 고민을 하고 있었는데 말이죠!

저는 그때 알았습니다. 이 땅의 어떠한 대상을 가지느냐, 그러지 못하느냐로 내 삶을 살아갈 의미를 찾는다면 평생 열등감과 억울함, 아쉬움 속에서 살 수밖에 없다는 것을요.

하나님이 아닌 대상은 위험합니다

좋은 대학, 좋은 기업, 멋진 배우자를 만나 내 삶의 가치를 찾는 것이 뭐가 문제일까요? 하나님을 제외한 특별한 대상들은 자꾸 위협을 받고, 변한다는 것이 문제인 것 같아요. 제가 대학원에 다니던 시절, 1학기가 끝나서 성적표를 받았습니다. 성적이 꽤 잘 나왔어요. 보아하니 저희 반에 나보다 더 잘하는 사람은 없을 것 같다고 생각했지요.

그러다 2학기가 시작되었고 대학원을 함께 다니는 전도사님과 밥을 먹고 있는데, 그분이 저에게 이렇게 말하는 거예요. "우리 반에 학점 4.5 만점이 있다고 하네요! 정말 대단하지 않나요?"

4.5라니요? 4.5면 모든 과목에서 A+를 받았다는 이야기입니다. 물론 저는 대수롭지 않은 척했습니다. 그러나 기숙사로 돌아오는 길에 마음이 자꾸 불편해졌습니다. 저는 그 짧은 순간에 인생의 무의미함까지 느껴지더라고요. 왜 그랬을까요?

저는 그 말을 듣기 전까지만 해도 의기양양했습니다. 그러나 저보다 조금 더 잘하는 4.5가 나타나자, 기분이 나빠졌습니다. 저는 그 순간 저의 특별함을 '성적'에서 찾고 있었습니다. '내가 가치 있고, 나의 삶이 의미 있는 이유는, 남보다 내가 이것을 잘하기 때문이야!' 바로 이것 때문입니다.

그런데 제 인생의 특별함의 근거로 여기던 '성적'이라는 대상이 위협을 받기 시작하자 허무함과 불안함을 느낀 것입니다. 하나님을 떠난 인간은 특별한 대상을 통해 나의 가치를 인정받고 싶어 하지만, 그 특별함 또한 주변의 경쟁과 자신의 무력함을 거치다보면 결국 우리에게 실망을 안겨줄 수밖에 없습니다.

많은 직장인분이 이 책을 읽으실 텐데, 그러니 웬만하면 연봉 이야기를 회식 자리에서 꺼내지 마세요. 호기심으로 물어본 것인데, 집으로 돌아오는 길이 꽤히 우울해집니다. 월급을 받아도 다른 사람보다 적습니다. 집이 있어도 다른 사람이 사는 집보다 크기가 작습니다. 열심히 공부해도 남들이 더 성적을 잘 받습니다. 내가 나의 가치로 삼은 대상은 다른 사람이나 환경에 언제나 비교당하고 위협당하기 때문에, 내 자신의 자존감이 점점 떨어져가는 것입니다.

숨결이 바람 될 때

사람에게는 자신을 특별하게 대해주는 대상이 꼭 필요할까요? 단지 내가 누릴 수 있는 즐거움을 누리며 살다가 가는 것도 충분히 가치 있는 삶 아닐까요? 그 고민을 먼저 담아낸 책이 있습니다. 이 책은 전 세계를 휩쓸었습니다. 폴 칼라니티라는 의사분이 쓰신 『숨결이 바람 될 때』라는 책을 소개하고 싶네요.

저자는 36세의 젊은 의사였습니다. 의대에 들어가서 미친 듯이 노력하여 일류 대학 병원들의 스카우트 제안을 받고, 힘겨운 노력 끝에 드디어 자신의 아내와 삶을 즐길 수 있는 시간이 찾아오는 듯했답니다. 그런데 바로 그 시기에 몸이 아파옵니다. 폐암 4기라는 판정을 받게 돼요. 그는 젊은 나이에 인생의 근본적인 질문과 마주하게 됩니다. 의미가 없는 삶이란, 실제로 살아보면 결코 견딜 수 없다는 것입니다.

나는 새로운 정체성이 필요하리라는 것을 마침내 깨달았다. …비록 나는 밤마다 기도하고 성경을 읽는 독실한 기독교 집안에서 자랐지만, 과학 연구에 종사하는 사람들 대부분이 그렇듯 신이나 영혼, 긴 옷을 입고 흰 피부에 수염을 기른 남자 같은 구시대적인 개념을 배제한, 완벽한 형이상학을 완성해줄 궁극의 과학적인 세계관, 물질적인 개념의 현실이 가능하다고 믿게 되었다. 나는 이십 대의 많은 시간을 이런 생각의 틀을 짜는 데 바쳤다. 하지만 결국 문제가 분명하게 드러났다. 과학을 형이상학의 결정권자로 보면 세상에서 신뿐만 아니라 사랑, 증오, 의미도 함께 사라져버리고, 이런 의미가 모두 사라진 세상은 결코 우리가 살고 있는 이 세상이라 할 수 없다.

…과학의 능력은 역설적으로 인생의 가장 중심적인 측면들(희망, 두려움, 사랑, 증오, 아름다움, 질투, 명예, 나약함, 부단한 노력, 고통, 미덕)을 포착하지 못하는 데서 비롯된다. …하지만 나는 기독교 신앙의 핵심적인 가치(희생, 구원, 용서)로 돌아왔다. 저항하기 힘들 정도로 아주 매력적이었기 때문이다.[4]

젊은 나이에 죽음을 앞둔 그가 느꼈던 것은 무엇이었을까요? 내가 친구와 우정을 나누고, 사랑을 느끼고, 삶의 여러 부분에서 정말 죽도록 고생한 것이 단순한 화학작용이며 실체가 없는 것이고, 의미 없는 일이었냐는 의구심입니다.

의미 따위, 인생의 특별함 따위를 찾는 것은 필요 없을 줄 알았습니다. 하지만 몸이 망가지니까 내 인생도 같이 의미가 없어지고, 사라진다는 사실을 직접 맞닥뜨리고 나니, 저자는 본능적으로 깨달은 것 같아요. "아니야, 사랑이라는

젊은 나이에 죽음을 앞둔
그가 느꼈던 것은
무엇이었을까요?

것은 존재해. 의미라는 것은 존재해야 해. 내 삶은 단순히 먼지가 아니야. 그 의미를 거부하는 건 말도 안 되는 이야기야." 바로 이 고백이겠죠.

제목을 보면 그 의미가 드러나는데요. '숨결(breath)'이 '바람(air)'이 된다, 즉 사람의 숨결이라는 특별한 의미가 그냥 공기가 되어버리는 허무한 순간에, 그는 결코 그래서는 안 된다는 것을 깨닫게 된 거죠.

변하지 않는 특별한 대상

이렇게 정리해볼게요. 사람은 특별한 대상으로부터 의미를 찾아야 하는 건 맞지만, 그 특별한 대상은 나의 상태나 주변 환경 때문에 그 가치가 변하는 것이어서는 안 됩니다.

찰스 테일러는 우리의 특별함을 '대상', 즉 외부에서 찾아야 하며 그 대상 자체가 특별해야 한다고 했습니다. 성경은 특별한 대상이지만, 변하지 않는 견고한 존재를 소개하고 있어요. 성경도 역시 사람의 특별함을 외부에서 찾아야 한다고 말합니다. 제가 말씀드리고 싶었던 주제로 이제 돌아왔습니다. 맞습니다. 인간은 '하나님의 형상'이기 때문에 특별합니다. 창세기 2장 7절에는 이런 말씀이 나옵니다.

여호와 하나님이 땅의 흙으로 사람을 지으시고 생기를 그 코에 불어 넣으시니 사람이 생령이 되니라.

사람에게는 원래 하나님의 생기가 있었습니다. 그분의 숨결 때문에, 그분의 형상이기 때문에 특별했습니다. 식물인간이든, 학력이 높든 낮든, 어떻게 생겼든, 어떤 인종이든 간에 그 존재 자체로 동등하게 존귀하다는 말입니다. 성경의 이 가르침은 우리가 지금 누리는 '인권'이라는 개념이 발달하는 토대가 되기도 했지요.

특별한 대상이 없어도 존귀합니다

나에게는 대단하고 특별한 '대상'이 없다고 느껴져서 많은 열등감과 비교의식 그리고 경쟁에 빠져 계시다면, 나의 존귀함을 말해주는 성경의 이야기에 귀를 기울여보시는 것은 어떨까요?

만약 내가 하나님이 창조하셨기 때문에 존귀하고, 창조

하신 그분이 내 삶에 계획을 가지고 계시다면 내 삶의 의미는 절대 내 선택의 자유에 제한되지 않습니다. 내 직업이나 하고 싶은 일을 마음대로 선택하지 못하는 상황에 놓여있을지라도, 분명히 하나님은 제한된 선택 조건 속에서도 하실 일이 있음을 기대할 수 있게 됩니다.

뿐만 아닙니다. 내 존재가 하나님이 창조하셨기 때문에 의미 있는 것이라면, 특별한 어떤 대상을 가지고 있지 못해도 삶을 계속 살아갈 이유가 있습니다. **내 인생에 유일하게 의미 있는 것은 하나님이라는 존재와 그분의 나를 향한 계획이라면, 나는 남들이 좋다고 말하는 이 세상의 특별한 대상을 가지고 있지 못해도 괜찮습니다.** 아니, 더 긍정적으로 말해볼까요? '특별한 대상을 얻지 못하게 하신 것'에도 의미가 있다면 어떨까요?

저는 평생 외국 경험을 하고 싶었던 사람이랍니다. 경영학도로서 외국 경험은 필수라고 생각했고, 외국어 실력을 더 많이 키우고 싶었지요. 그런데 하나님은 여러 상황을 통해 제가 외국으로 나가는 것을 막으셨습니다.

여권만 만들어두고 가지 못하는 일이 생겼고요, 장학금을 받으면서 유학을 갈 수 있게 된 곳도 갈 수 없어지는 일이 벌어지기도 했습니다. 심지어는 토플 시험에 오류가 생겨 제 성적을 받지 못해서 외국 학교에 지원을 못하는 상황까지 벌어졌습니다! 저에게 특별한 대상은 '외국'이었는데, 하나님은 자꾸 한국에서 여러 '교회'를 바라보게 하셨습니다. 돌아보면, 저를 개척교회로 이끄신 하나님의 인도하심이었지요.

제한된 선택 속에서 살아갈지라도 나를 창조하신 하나님의 계획이 있다면, 선택지가 많지 않은 인생이라도 내 인생은 충분히 존귀합니다.

선택이 아니라 동행

사랑하는 사람과 교제해보셨나요? 교제하는 연인의 사랑을 충분히 느끼면, 삶의 모든 악조건조차 이겨낼 힘이 생기고 오히려 추억이 되지요. 저녁식사를 비싸고 맛있는 곳에서 먹기로 '선택'할 수 있기 때문에 행복한 커플이 되는 것이 아닙니다. 허름한 식당이라도 사랑하는 두 사람이 함께 선택했기 때문에 의미 있는 것이겠지요. 돈이 없어서, 결혼

후에 선택할 수 있는 집이 많지 않아서 결혼이 불행한 것이 아닙니다. 두 사람이 같이 사는 집으로 함께 선택한 데 그 의미가 있는 것이겠지요.

만약 우리의 제한된 선택 속에 하나님의 계획이 있다면, 우리는 매 순간마다 하나님이 원하시는 뜻을 알아가고, 그 선택을 해나갈 때 오히려 하나님이 준비하신 유익과 즐거움을 맛보는 삶을 살게 될 것입니다. 그러므로 삶은 선택이 아니라, 그분과의 동행입니다. 그 느낌을 가수 멜로망스가 "선물"이라는 곡을 통해 이렇게 노래했습니다.

> 항상 알고 있던 것들도 어딘가
> 새롭게 바뀐 것 같아…
> 항상 어두웠던 것들도 어딘가
> 빛나고 있는 것 같아…
> 나에게만 준비된 선물 같아
> 자그마한 모든 게 커져만 가
> 항상 평범했던 일상도
> 특별해지는 이 순간.

사랑하는 사람과의 만남이 삶의 모든 환경을 특별하고

가치 있게 만든다면 하나님과의 만남은, 여러분의 삶의 모든 것을 특별하고 존귀하게 만들 것입니다. 하나님이 여러분에게 모든 것을 선택할 수 있는 인생을 선물로 주시진 않을지 몰라요. 그러나 모든 선택마다 함께하시는 분으로 여러분에게 다가오실 것입니다. 그래서 엄밀히 말하자면 하나님은 우리 인생에 선물을 주시는 것이 아닙니다. 하나님 그분이, 바로 우리 삶의 선물이십니다.

❸ 내가 나를 사랑해봐도

#더 높은 나와 #더 낮은 나 사이에서
#네가 날 안다면 사랑할 수 없을 거야
#하나님의 사랑을 받는 나 #새로운 정체성

"나는 이런 수준에나
어울리는 사람이야."

내가 나를 사랑하면 그만

요즘은 사람들이 내가 행복해지기 위해서 나에게 스스로 에너지를 공급합니다. 누가 나한테 뭐라고 해도 내가 나를 사랑하면 그만입니다. 누구도 나를 판단할 수 없죠. 지금은 보잘것없지만 앞으로는 잘될 것이고, 또 열심히 노력하고 있으니 그것이 전부 아닐까요? 부모의 요구, 주변의 평가를 벗어나 온전한 내 자신이 될 때 비로소 행복을 찾을 수 있는 거니까요.

예전에 교회에서 유행하던 찬양이 있었습니다. "당신은 사랑받기 위해 태어난 사람"이었는데요. 지금은 이 찬양을 들어도 시큰둥한 사람들이 많습니다. 찬양이 오래되어서라 기보다 시대의 관심사가 바뀐 것 같아요. 남한테 좋은 사람이라는 소리를 듣는 것보다 내가 행복한 게 더 중요하다고 생각하죠. 내가 나를 사랑하며 사는 것이 목표가 되어서 그런 것 같아요.

자살을 시도하는 사람들이 많아지면서, 마포대교 난간에는 위로의 문구까지 등장했습니다. "가족이 당신을 사랑합니다", "당신을 사랑해주는 사람을 생각해보세요"라고 말입니다. 이런 노력에도 불구하고 자살하는 사람들은 그런 말이 눈에 들어오지 않는 것 같아요. '내가 보기에' 내가 만족스럽지 않기 때문입니다. "나를 사랑하는 주체가 내가 되어야 한다"는 숨겨진 전제가, 우리 시대의 문화가 되어서 그런 것은 아닐까요?

죽고 싶지만 떡볶이는 먹고 싶어

스스로를 사랑해주고 싶었던 한 사람의 이야기를 해볼까 해요. 최근에 우리나라를 강타한 짧은 에세이가 있습니다. 백세희 작가가 쓴 『죽고 싶지만 떡볶이는 먹고 싶어』라는 책이에요. 작가는 '기분부전장애'라는 질병을 앓고 있었습니다. 얕은 우울 상태가 지속되는 질병이라고 합니다. 우울증을 앓으면서 의사와 나눈 상담을 기록한 책입니다. 작가와 의사의 상담 내용을 읽어내려감과 동시에, 그 내용을 성경에 비추어 보면 이 작가뿐만 아니라 이 시대 그리고 우리 모두가 바로 그 함정, '내가 나를' 사랑하는 함정에 빠져 있음을 알 수 있습니다. 작가의 말을 조금 인용해볼게요.

나는 내 손안에 들어오면 평가 절하하는 경향이 있다. 어려운 무언가를 해냈을 때도 예쁜 옷을 입어도 내가 해내고 내가 입으면 금세 힘을 잃었다. 소중하거나 사랑스럽지 않았다. 문제는 그게 사람에게도 적용된다는 거다. 상대가 나를 사랑하면 할수록 나는 상대가 지루해진다.
역시 문제는 자존감. 내가 나를 너무 낮게 바라보기 때문에 타인의 눈으로 만족을 얻는 거라고 한다. 하지만 그건 나 자신이 내게 느끼는 만족이 아니니 한계를 느낄 수밖에 없고 곧 지겨워진다. 그러니 또 다른 사람을 찾고, 결국 누군가 나를 좋아한다는 것 자체가 내게 만족을 주지 못한다고 한다. 내가 좋아하는 사람이 나를 좋아하지 않아도 절망, 누군가 나를 깊이 사랑해줘도 절망. 이러나저러나 다 타인의 눈으로 나를 바라보는 일이다. **결국 내가 나를 계속 갉아먹는다.**[5]

아무리 남이 나를 사랑해줘도, 아무리 무언가를 이루어도 행복하지가 못하다는 말인 것 같아요. 왜 그럴까요? '내가 내 자신에게 느끼는' 만족감이 아니니까 재미가 없다는 것입니다. 핵심은 '나'에 있습니다. 아무리 남이 뭐라고 해도 '나는' '내 자신에게' 만족을 못하겠다는 뜻입니다.

왜 내가 나를 더 사랑하려 할 때 오히려 우울해지고 행복할 수 없을까요? 사람들은 나를 사랑하려면 둘 중 하나의 길을 갈 수밖에 없기 때문입니다. 더 높은 나를 만들거나, 더 낮은 나를 만들어야 하거든요.

더 높은 나

사람은 자신의 인생이 가치 있다고 할 때, 이유 없이 그렇게 말하지 않습니다. 나도 모르게 내 삶을 사랑할 수 있는 근거, 높은 기준을 찾습니다. 그 기준에 맞게 내 삶을 스스로 평가합니다. 그런데 처음엔 그 기준이 나를 높여주는 것 같은데 오히려 그 기준이 나를 불행하게 합니다.

성공한 한 인디 밴드 멤버들이 예능 프로그램에 나와 이야기하는 걸 본 적이 있습니다. 원래는 무명이었지만, 지금은 '더 높은 나'가 된 것이지요. 삶의 수준이 높아지고 인정을 많이 받으면 행복하기만 할까요? '더 높은 나'를 만들어 가는 삶의 이야기를 한번 들어보겠습니다. 멤버들의 대화가 오고 갑니다.

A : 내가 월드투어 갈 거라고 했을 때 믿은 사람 있었어?
　　… (앞으로 앨범 어떻게 할까?)
B : 앨범… 나는 그냥 앨범 만들고 싶어. 공연도 좋은데. 반년 정도 온전히 집중했으면 좋겠어.
A : 아직은 쉴 때가 아니야.
C : 쉬는 게 아니라 진득하게 6개월 동안 음악 작업하고 싶다고.
A : 근데 어쩔 수 없어. 한국 시장에서는 음반 시장이 너무 빠르잖아. 3주만 지나면 헌 앨범 취급받는데 여기서 6개월을 쉰다는 게… 종점을 찍고 나서면 모르겠는데.
B : 종점이라는 게 어느 순간 오는 게 아니잖아. 결국 노력

삶의 수준이 높아지고
인정을 많이 받으면 행복하기만 할까요?

이고. 결국 어빌리티(ability)인 건데. 더 앨범에 집중하는 그런 게 난 필요하다고 생각해.

A : 나도 2년 동안 이 고민을 했거든. 느낀 게 뭐냐면, 우리가 6개월 동안 어디 없어진다, 그러면 대중의 관심이 사라지잖아.

B : 잊히는 것에 대한 두려움을 가지고 눈앞의 것만을 생각하다보면 음악적으로 더 큰 것을 놓칠 수도 있다고 생각하거든.[6]

큰 인기를 누리면 그만이지, 도대체 멤버들은 무슨 고민을 하고 있는 걸까요? 셋 중에 누구의 말이 맞다는 것이 아니라, 이 모습이 바로 내가 높아져서 내 삶을 가치 있게 만들려는 삶의 한계이자 모순이라는 것을 발견하셨으면 합니다.

사랑받을 수 있는 높은 기준을 찾았고 이제 그것을 이룬 듯합니다. 더 높은 나를 만들어가면 행복할 줄 알았는데, 이제 높아진 기준이 오히려 이 밴드에게 '잊힐 위기'로 다가옵니다. '편해지는' 게 아니라 '초조함과 두려움'이 더 커집니다.

어느 분야에서 꽤나 올라가보신 분들은 알 거예요. 더 이상 "에이, 이 정도면 만족해야지"라고 자조하며 살 수가 없습니다. 시간이 갈수록 계속 삶이 불편해집니다. 기준을 낮추면 곧 내가 사라지는 것을 받아들여야 하기 때문입니다.

더 낮은 나

그 반대도 있습니다. 기준 따위는 필요 없고, 나의 한계를 인정하고 편하게 살자는 생각입니다. 이런 사람들은 자기 인생이 완벽하지 않은 걸 순순히 인정해요. 털털합니다. "나는 이런 수준에나 어울리는 사람이야", "내가 늘 이렇지 뭐. 대충 되는 대로 사는 거지 뭐. 즐기며 사는 거지"라고 말하죠.

이들은 언뜻 보면 다 포기했다고 말하는 것 같지만, 한 가지 버리지 못하는 것이 있습니다. "내 인생을 판단하는 주인은 끝까지 내가 되어야 한다"라는 고집이지요. 내가 생각하는 내 수준에 맞는 대접이 아니면 인정하지 않습니다. 누군가가 자신을 사랑한다, 좋아한다, 격려한다고 아무리 말해도 자신이 스스로 거부해요. "그런 말씀은 하지 마세요. 제가 저를 잘 아는데, 저는 그런 사람 아니라니까요"라는 대답이 돌아옵니다.

여자 친구의 사랑을 즐길 수 없었던 남자

저와 신앙을 고민했던 한 청년은 취업 때문에 많은 어려움을 겪고 있었습니다. 그에게는 그를 사랑해주는 여자 친구가 있었어요. 그래서 취업 준비를 할 때 여자 친구로부터 많은 정서적인 도움을 받았지요.

그 격려에 힘입어 열심히 도전했지만, 아쉽게도 결과가 좋지 않았나봅니다. 그러나 정말 좋은 여자 친구였나봐요. 그러한 형편과 관계없이 계속해서 그 친구를 좋아해주고 격려했습니다.

그런데 이상한 일이 일어났어요. 남자가 먼저 여자에게 헤어지자고 한 겁니다. 아니, 이렇게 좋은 여자 친구에게 왜 헤어지자고 했을까요? 저는 이것이 바로 '더 낮은 나'에 대한 집착 때문이라고 생각해요. 상대가 나를 사랑하는 것을 알더라도, 내 자신이 나를 무가치하게 바라보는 마음이 더 큰 것이죠. 내가 나를 사랑하지 않고, 내 자신이 더럽다고 생각하기 때문에 타인이 나를 사랑하는 것도 가식적인 것이거나, 사랑하는 게 나를 잘 몰라서 혹은 잘못된 거라고 말하는 겁니다. '더 낮은 나'를 추구하는 사람들은 다른 사람에게서 받을 수 있는 정서적인 행복을 느낄 수가 없게 되는 것 같아요.

이래도 날 사랑해?

남자만 그런 게 아닙니다. 여자도 마찬가지죠. 앞에서 언급한 책을 보면 작가가 남자 친구와 교제할 때에 실제로 했던 행동이 나오는데 여기에 '더 낮은 나'의 문제가 담겨있습니다. 이제 무슨 심리인지 보이실 거예요.

내가 나를 사랑하지 않는데, 그럼에도 나를 사랑해주는 상대를 이해할 수 없어서 자꾸 강도 높은 실험을 하게 된다. 이래도 날 사랑해? 이래도? 이래도? (1) 상대가 받아준대도 이해할 수 없게 되고, (2) 상대가 포기하고 떠나면 역시나 나를 다 사랑해줄 사람은 없다고 생각하고 괴로워하며 위안한다.[7]

이렇게 행동할 수밖에 없다는 게 안타깝기도 하지만, 조금 이기적이라는 생각도 함께 들지 않으시나요? 나를 더 낮춰가면서까지, 실험까지 하면서 상대방이 나를 사랑하는 것은 잘못된 행동임을 증명하고 싶은 고집입니다. 핵심이 무엇일까요? 세상과 성경은 완전히 다른 이야기를 하고 있습니다. 기준을 높이든 낮추든, 자기사랑이라는 테두리를 벗어나지 않는다면 행복한 삶은 절대 찾아오지 않아요.

새로운 나

다른 사람의 사랑을 편하게 받아들이면서도, 나도 나를 사랑할 수 있다면 어떨까요? 그것이 바로 예수님이 나를 사랑하시는 방식입니다. 사람들이 나를 사랑해주는 것은 내 스스로 내가 마음에 들지 않을 때에도, 더럽고 가치 없는 나를 그대로 두고 덮어주고 사랑하는 것입니다. 더러운 걸 알면서도 그냥 품어주는 것입니다. 그렇지만 나는 그런 존재가 되지 못한다는 것을 마음속으로는 잘 알죠.

하지만 예수님이 우리를 대하시는 방식은 다릅니다. 우

'더 낮은 나'를 추구하는 사람들은
다른 사람에게서 받을 수 있는
정서적인 행복을
느낄 수가 없게 되는 것 같아요.

리를 더럽고 부족한 그대로 놔두고 그냥 덮어주시는 것이 아닙니다. 예수님은 더러운 나, 부족한 나를 데리고 십자가로 가십니다. 그리고 사랑을 표현하십니다. "더럽지만 덮어두고 사랑해줄게"라고 하실 줄 알았습니다. 아니에요. 나를 십자가로 데려가십니다. 그리고 십자가에서 예수님과 다시 죽고, 다시 태어나게 하시지요. 진짜 더럽고, 보기 싫었던 나의 모습이 실제로 사라지는 것입니다.

보이지 않는 나

무슨 말인지 이해가 되지 않으실 수 있어요. 지금 '보이는 것'은 아무것도 변한 것이 없고 불완전한 내 모습뿐인데 도대체 무엇이 죽고, 무엇이 산다는 걸까요?

지금까지 어떤 것들이 여러분을 괴롭혀왔나요? '보이지 않는 것'이 나를 괴롭혔어요. 보이는 상황, 보이는 주변의 격려가 아무리 있어도 내 내면에 '보이지 않는 내 자신의 기준'이 나를 괴롭혀왔었죠.

그러나 예수님은 내 자신을 사랑하던 기준과, 내 자신의 존재 모두를 변화시키셨습니다. 지금까지는 내가 세운 나의 보이지 않는 기준에 따라 내 삶의 가치를 결정했습니다. 그러나 이제 내게는 믿을 만한 새로운 기준이 생겼습니다.

내 삶의 가치는 내가 매기는 것이 아닙니다. **내 삶이 사랑받을 만하고, 가치 있는 이유는 바로 완전한 존재이신 예수님이 나를 위하여 목숨을 버리셨기 때문입니다.** 이제 내가 나를 사랑할 수 있는 기준은 부모의 사랑도, 사회적인 지위도 아닙니다. 예수님의 생명이 바로 내 삶의 가치를 보장합니다. 예수님의 생명이 바로 내가 사랑받는 기준이 되지요.

예수님은 단순히 목숨을 버려서 나를 사랑해주신 것만이 아닙니다. 그분은 불완전한 내 모습을 이대로 덮으시지 않았습니다. 내 존재도 바꾸셨습니다. 예수님을 믿으면 내 영적인 상태는 예수님이 하나님 앞에서 완전하신 그 모습으로 변화됩니다. 성경은 이렇게 말합니다.

그런즉 누구든지 그리스도 안에 있으면 새로운 피조물이라 이전 것은 지나갔으니 보라 새것이 되었도다(고후 5:17).

더러웠던 나의 모습을 억지로 사랑할 필요가 없습니다.

이전 것은 지나갔습니다. 내가 새로운 존재가 되었기 때문에, 나는 사랑을 받을 만한 자가 된 것입니다. 예수님 안에 있는 나를 볼 때 나는 이미 영적으로 완전합니다. 그리스도로 옷 입은 새로운 존재입니다. 더 이상 하나님 앞에서, 사람 앞에서 증명해야 하는 나는 없습니다. 나는 완전히 새로운 존재가 된 것이니까요.

하나님께 사랑받고 몰입하는 나

약간은 이해하기 어려운 영적인 이야기들이, 현재 내 삶에 정말 변화를 일으킬까요? 물론입니다. 예수님의 사랑을 체험한 사람만이 삶에서 실제 벌어지는 많은 일에도 몰입할 수 있다고 생각해요.

특별히 진로와 커리어를 쌓아나가고 계신 분들께 말씀드리고 싶어요. 지금 여러분을 가장 불행하게 만드는 것은 내 스스로를 향한 나의 생각이 아닐까요? '이 진로를 선택하면 난 가치 있는 인생인 걸까? 주변에서 뭐라고 할까? 성공할 수 있을까? 사랑받을 수 있을까?' 인생의 모든 선택을 내 인생의 가치, 내 인생의 정체성과 연결시켰습니다. '나'와 연결되어있는 거예요.

이처럼 직업 수준, 사회적 수준, 연봉 수준이 바로 '나의 가치'와 연결되어있다 보니 삶의 온갖 기쁨을 빼앗겼었죠.

하지만 자아를 십자가에 못 박고, 그리스도로 옷 입은 자로 사는 삶은 다릅니다. **내 존재의 유일한 정체성은 십자가에서 몸을 던져 나를 사랑하신 예수님과의 관계뿐입니다.** 그 어떤 평가나 성취도 내 삶의 가치와 연결되어있지 않습니다. 나는 이미 영원히 사랑받고, 온전히 거듭난 존재일 뿐이죠.

주님이 다시 오시기 전까지, 죽음과 부활 이후 영원한 삶을 누리기 전까지 나는 오로지 내게 주신 재능과 상황 속에서 하나님과 동행할 뿐입니다. 그것만이 나의 기쁨입니다. 하나님 안에서 나를 잊어버릴 때, 그 사람은 오히려 자신의 객관적 실력을 인정합니다. 제한된 상황도 인정합니다. 그러면서 정말로 자신이 하고 싶은 일에 몰입할 수 있어요.

이 사람들은 진정 자신이 해보고 싶은 일을 하면서도 실패를 두려워하지 않아요. 칭찬과 평가, 피드백에 대한 탁월한 현실 감각과 더불어 여유가 있습니다. 변화에 열려있습니다. 왜 그럴까요? 그 모든 성취와 평가가 나의 행복을 결정짓는 요소가 아니기 때문에 그렇습니다. 내 기준으로 나를 사랑하는 것이 아닙니다. 나는 하나님의 사랑을 받는 존재일 뿐입니다. 이 땅의 실패에도 의연하고, 성공에도 교만하지 않는 참된 나를 찾게 됩니다. 이것이 이 시대에 우리에게 필요한 진정한 몰입이라 생각해요.『죽고 싶지만 떡볶이는 먹고 싶어』의 저자는 이렇게 말했습니다.

내가 바라는 거? 난 사랑하고 사랑받고 싶다. 의심 없이 편안하게. 그뿐이다. 방법을 모르기에 괴로울 뿐이다. 마지막 진료기록을 마무리하고 맺음말을 쓰지 못한 채 한참을 헤맸다. …결국 이 책은 질문도 답도 아닌 바람으로 끝난다. 나는 사랑하고 사랑받고 싶다. 나를 아프게 하지 않는 방법을 찾고 싶다.[8]

처음에는 내가 나를 사랑하고 싶다고 했는데, 사실은 사랑하고 사랑받고 싶다는 이야기를 하고 싶었던 거네요.

의심 없이 편안하게 사랑받는 길이 십자가에 있습니다. 나 대신 십자가에서 아파하신 예수님이, 나를 아프게 하지 않는 방식으로 나를 가치 있게 높이실 것입니다. 나의 기준, 내가 나를 사랑해야 한다는 집착을 내려놓을 때 하나님의 사랑이 내 마음에 물밀 듯 흘러들어오는 것을 경험할 수 있을 것입니다.

④ 뜨거운 사랑에 빠져도

#왜 그가 나를 떠났을까? #감정적 사랑의 한계
#사랑의 다른 방식 #있는 그대로 사랑할 수 있는 힘은
#어디에서 나오는가

"사랑해서
그런 것도 죄인가요?"

"내가 뭘 잘못했는지
모르겠어요."

사랑해서 그런 것도 죄인가요?

제가 만났던 많은 청년이 궁금해하는 것이 바로 이성 친구를 사귀고, 관계하는 문제였어요. 사랑하는 사람과 뜨거운 교제를 하고 계시는 분들이 교회에 가면 늘 불편한 마음이 생깁니다. 많은 젊은 분이 기독교에 대해 좋게 생각하다가도 동의하지 못하는 부분이 생기는데, 바로 사랑의 표현에 대한 문제인 것 같아요. 내가 정말 사랑하는 사람이라면 마음대로 성적인 관계도 맺고, 동거를 하는 것도 괜찮은 게 아니냐는 거죠. 사랑하는 감정이 있다면 충분할 것 같은데, 사랑의 감정으로는 부족하다고 말하는 것이 이해되지 않습니다.

사랑, 끝나지 않는 오디션

32세의 한 여성분의 이야기를 소개하려 합니다.[9] 이분은 남자 친구와 4년간 동거한 후에 결혼을 했어요. 하지만 얼마 되지 않아서 이혼을 준비하게 됩니다. 그녀는 이혼 과정에서 울면서 이렇게 고백했어요. "내가 뭘 잘못했는지 모르겠어요."

그녀는 동거한 이유를 이렇게 설명합니다. 자신의 부모님은 아무 대책 없이 일찍 결혼하는 바람에 일찍 이혼하셨다는 거예요. 그래서 자신은 부모가 겪은 시행착오를 반복하고 싶지 않았대요. 결혼에 성공하려면 먼저 관계도 맺고, 살아봐야 한다는 결론이었습니다. 그런 이유로 4년간 동거를 한 후 결혼한 것인데, 자신이 이렇게 빨리 이혼할 줄은 몰랐다는 고백이었습니다.

이 여성분은 결혼과 달리 동거는 문제가 보이면 바로 헤어지면 그만이니까 더 좋은 것이라고 생각했습니다. 하지만 실제 동거를 하는 4년 내내 느낀 점이 있었습니다. 그녀는 이렇게 고백했습니다. "저는 동거하는 기간이 끝나지 않는 오디션(never-ending audition) 같았습니다."

이 고백이 무엇을 말하는 걸까요? 감정에 기반한 관계이기 때문에 자유로울 줄 알았는데, 그래서 '감정의 불씨를 계속 살려야 한다'라는 또 다른 조건이 있었던 것입니다!

실제로 살면서 생기는 문제들을 함께 처리해나가다 보면 바빠지고, 갈등이 생기고, 지친 삶을 지속할수록 상대를 향한 감정을 지키기가 쉽지 않더라는 겁니다. 상대는 하나님이 아닙니다. 나도 하나님이 아니지요. 상대가 나에게 요구하는 것이 과도할 때가 있습니다. 그리고 내가 상대를 충분히 사랑하는 마음이 들지 않을 때도 있습니다. 동거하면서 그럴 때마다 감정이 요동치기 시작한 것입니다.

Just Happened

통계적으로는 동거를 경험한 커플의 이혼율이 훨씬 높다고 합니다. 그래서 한 심리학자가 도대체 동거가 왜 더 많은 이별로 연결되는지를 조사했어요. "어떻게 동거하게 되었어요?"라고 물었더니 많은 사람이 "어쩌다가 그렇게 되었습니다(It just happened)"라고 답했다고 하네요. 동거를 결정하기 전에 같이 사는 것이 남녀 각자에게 무엇을 뜻하는지에 대해 생각의 교류가 없었던 것입니다. 그냥 사랑하니까, 끌리니까 동거한 것이죠. 그래서 여자들은 많은 경우, '이 동거는 결혼을 향해 나아가는 단계야'라고 생각했고, 남자들은 많은 경우 '내가 여자에게 헌신해야 할 많은 것을 뒤로 미루면서 사랑은 즐길 수 있는 대안이 될 것 같아'라고 생각한 것이죠.

단순한 감정적 사랑에는 결여된 것이 있습니다. 감정에 기반한 선택은, 또 감정 때문에 관계를 무너뜨리게 됩니다. 그러니까 감정으로는 동거의 목적을 이야기할 수 없고, 서로에 대한 약속과 헌신이 없기 때문에 쉽게 무너지게 되는 것 같아요. 성격 차이, 종교적 차이, 경제적 문제 모두 원인이 아닙니다.

감정의 사랑을 추구한 야곱

성경에는 야곱이라는 인물이 나옵니다. 그가 만날 수 있는 여자 둘이 있었어요. 예쁘지 않은 여자 레아와 예쁜 여자 라헬이었죠. 야곱은 예쁜 여자와 결혼하면 행복할 것이라고 생각했어요. 그래서 라헬을 선택합니다. 그러나 결혼하자마자 문제가 생기네요. 라헬이 아기를 낳지 못한 것입니다. 그 당시 여성은 자녀를 낳는 것이 가장 중요한 일이었거든요. 창세기 30장 1절을 읽어보겠습니다.

라헬이 자기가 야곱에게서 아들을 낳지 못함을 보고…내게 자식을 낳게 하라 그렇지 아니하면 내가 죽겠노라.

야곱은 라헬로 만족할 수 있으리라 생각했던 자신의 사랑에 금이 가기 시작함을 느낍니다. 왜 그럴까요? 사랑하는 존재가, 내가 원했던 역할을 충분히 못해주고 있기 때문입니다. 다시 말씀드리지만, 그 당시 아이를 못 낳는다는 말은 지금과는 의미가 많이 달랐어요. 아이를 낳지 못하면 일손이 되어줄 자식도 없어질 뿐만 아니라, 족보를 중요시 여겼던 족장시대였기 때문에 궁극적으로는 가문이 사라지게 만든 장본인이 되는 거였거든요.

라헬은 그 책임을 야곱에게 돌립니다. "내가 아들을 낳게 해. 못 낳게 하면 죽어버릴 거야!" 야곱이 들어줄 수 없는 요구를 하고 있습니다. 야곱은 대답합니다. "내가 하나님이야? 내가 그걸 어떻게 해?"

야곱이 라헬에게 성을 내어 이르되 그대를 임신하지 못하게 하시는 이는 하나님이시니 내가 하나님을 대신하겠느냐 (창 30:2).

"넌 왜 내가 모든 것을 해줄 수 있다고 생각하니? 너무한 요구 아니야? 그건 하나님만이 채우실 수 있는 거야. 내가 할 수 있는 게 아니라고. 나한테 하나님만이 하실 수 있는 것을 요구하지 마!" 야곱은 라헬의 요구에 지쳐버려요.

야곱은 라헬을 통해 자기 인생의 행복과 역전을 꿈꿨는데 라헬의 인생에는 부족함이 있다는 것을 깨닫습니다. 오히려 라헬이 자신의 공허함과 부족함을 야곱보고 채워달라고 떼를 쓰고 있는 것입니다. 감정이 식어가는 것이 느껴지시나요?

감정적 사랑의 한계

성경은 하나님이 아닌 사람이 내 인생의 의미의 전부가 되면, 사랑하는 그 대상이 하나님이 된다고 지적합니다. 꼭 기억하세요. 사람은 하나님이 아닙니다. 사랑도 하나님이 아닙니다. 사랑이 인생의 모든 것이라고 생각하면 우리는 그 사랑이 약해지고 무능해질 때 사랑을 더 달라고 요구하다가 실망하게 되죠. 결국 감정은 다 식어버릴 것입니다. 감정이 식고 나면 그 사랑과 함께 내 인생도 무너져버려요.

하나님은 야곱에게 이렇게 말씀하고 계신 듯합니다. "너는 라헬만 있다면 삶이 다 행복할 수 있을 것이라고 생각하는구나. 네가 감정적으로 끌리는 그 사람이 너를 행복하게 해줄 거라는 생각, 그 잘못된 집착, 나는 너의 그것에 개입하길 원한다. 라헬이 널 채울 수 없다." 하나님은 야곱의 그 집착에 다가오고 계셨던 것입니다.

사랑과 함께 무너지는 나

사랑 안에는 영적인 문제가 녹아있음을 이야기했던 사람을 소개해보려고 해요. 어니스트 베커라는 학자는 『죽음의 부정』이라는 책에서 이렇게 말합니다.

인간은 자신의 가장 깊은 본성에서 필요로 했던 자기 영광

성경은 하나님이 아닌 사람이
내 인생의 의미의 전부가 되면,
사랑하는 대상이
하나님이 된다고 지적합니다.

을 이제 사랑의 대상에서 찾게 된 것이다. …**인간은 의존하는 대상에게 구속된다.** …**만약 당신의 대상이 당신의 '전부'라면, 그 안에 있는 어떤 결점이든지 당신에게 중대한 위협이 된다.**[10]

"난 남자 친구 잘 만나서 위로를 받을 거야", "난 여자 친구 잘 만나서 인생 역전할 거야"라고 꿈꾸는 사람들은, 그 사람을 통해 자기 영광을 찾고 싶어 하기 때문에 그 사람의 결점을 보게 되면 소스라치게 싫다는 말이죠. 왜 그럴까요? 사랑하는 상대방의 약점이 내 인생에 위협이 되기 때문입니다. 베커의 이야기를 이어서 들어볼게요.

만약 한 여성이 아름다움을 상실하거나 혹은 지성적 예리함을 상실하거나, 어떤 방식이든 우리의 독특한 요구에 미치지 못하게 되면 우리가 그녀에게 했던 모든 투자는 손상된다. …"그녀가 약화된다." = "나는 죽는다."[11]

결국 사랑의 대상을 신의 위치까지 끌어올릴 때 우리가 원하는 것이 무엇인가? 다른 어떤 것도 아닌 구원을 원한다. …그 대상은 우리에게 신처럼 되라고 요구한다. 관계에 있어서 신의 역할을 담당한 대상조차도 이것을 오랫동안 견딜 수 없다. 왜냐하면 그는 어느 수준에서 다른 사람이 요구하고 주장하는 근원을 그가 소유하지 못했음을 알기 때문이다.[12]

저와 여러분이 살아가는 이 시대의 삶은, 사랑 속에서 하나님을 찾고 있습니다. 그 사람을 만나서 내 인생이 행복해지고 안전해질 수 있다고 강하게 믿고 있는 것이죠.

"이런 남자를 만날 수만 있다면 난 행복할 거야", "이 여자를 놓치면 끝이야"라고 믿으면서 사랑이 내 인생의 가치를 높이는 수단이 된다면 사랑하는 상대의 반응이나 상황에 따라 내 삶도 위험해질 수밖에 없게 됩니다. 그리고 나는 점점 상대에게 내어주고 희생하는 것이 아니라, 상대에게 더 완벽하고 어려운 것을 요구할 수밖에 없습니다. 끌리기만 하면 문제가 없다고 생각하고 마음껏 사랑을 추구한다면 사랑은 반드시 여러분을 실망시킬 것입니다.

사랑의 다른 방식

이 시대는 야곱처럼 사랑을 통해 자신의 가치를 발견하

려 합니다. 사랑이 지상 최고의 목표가 되어 그 남자 친구, 그 여자 친구가 나를 사랑해주지 않고, 충분히 잘 대해주지 않으면 그 사람을 미워하고, 실패하고, 상처받는 일들이 일어납니다. 남자와 여자 모두 서로에게서 온전히 사랑받는다는 느낌, 나를 온전히 필요로 한다는 느낌을 갈구하며 헉헉대는 거죠.

사랑 때문에 생기는 이 모든 실패를 해결할 수 있는 유일한 길은 무엇일까요? 저는 사랑의 다른 방식을 깨닫는 것이라고 생각해요. 하나님이 나를 사랑하신 방식을 알아가는 것이죠. 하나님은 나를 감정으로 사랑하지 않으세요. 나에 대한 감정이 식었다고, 실망했다고 버리지 않으십니다. 하나님의 사랑은 무조건적인 사랑입니다. 그리고 그 사랑을 약속하셨고, 그 사랑을 위해 모든 것을 희생하신 분이십니다.

성경은 우리를 향한 하나님의 사랑의 방식을 드러내기 위해 아까 한 남자로부터 사랑받지 못했던 그 여자를 언급합니다. 예쁘지 않았던 여자, 누구였죠? 레아입니다. 예수님은 그녀를 잊지 않으셨습니다. 이 땅에 예수님이 오실 때 누구를 통해서 오셨는지, 마태복음에 등장하는 예수님의 족보를 한번 살펴보겠습니다.

아브라함과 다윗의 자손 예수 그리스도의 계보라 아브라함이 이삭을 낳고 이삭은 야곱을 낳고 야곱은 유다와 그의 형제들을 낳고 유다는 다말에게서 베레스와 세라를 낳고…
(마 1:1-3).

야곱이 예쁘지 않아 사랑하지 않았던 여자, 레아에게서 낳은 아들이 유다입니다. 레아의 아들, 유다로부터 예수님이 탄생하시게 됩니다. 레아는 자신을 아무도 원치 않는다고 생각했습니다. 그러나 그 인생의 운명을 바꾸러 오신 분이 계십니다. 예수님이십니다. 레아는 야곱에게는 사랑받지 못했지만, 새로운 방식의 사랑을 경험했습니다. 예수님은 야곱에게 사랑받지 못한 레아를 택하셔서 이 땅에 오셨습니다.

예수님은 우리의 어떤 부족함 때문에 사랑을 거두지 않으시는 분이십니다. 예수님은 우리를 사랑하기로 '약속'하신 분이십니다. 그리고 십자가에서 자기 몸을 던지는 희생으로 그 사랑을 확증해주셨습니다.

우리가 아직 죄인 되었을 때에 그리스도께서 우리를 위하여 죽으심으로 하나님께서 우리에 대한 자기의 사랑을 확증하셨느니라(롬 5:8).

그래서 살면서 가끔은 하나님을 실망시켜도 우리는 여전히 사랑받을 수 있습니다. 여전히 주님이 우리의 기도를 들으시고, 끝까지 우리를 인도하실 것입니다. 예수님은 우리가 예수님을 실망시켰다고 해서 우리를 향한 사랑을 거두지 않으십니다. 오히려 우리를 대신해서 홀로 외로이 고난을 겪으시고, 십자가를 지심으로 우리를 여전히 사랑하심을 확인시켜주셨습니다.

나의 사랑이 바뀝니다

예수님의 사랑을 경험해야만 지금 내가 교제하는 사람과 나누는 사랑의 방식도 바뀔 수 있습니다. 우리는 지금까지 상대방의 사랑을 통해 하나님만이 주실 수 있는 인정과 행복을 누리고 싶어 했죠. 하지만 사람은 그런 것을 줄 수 있는 존재가 아님을 깨닫게 되는 것입니다. 나는 사랑하는 사람을 만나기 전에도, 혹은 사랑하는 상대를 통해 충분히 사랑받지 못해도, 이미 가치 있고 사랑받는 존재입니다.

이제 이 땅에서 내가 누군가를 사랑하는 것은 상대를 통해 나의 자유와 쾌락을 더 누리고, 상대에게서 원하는 것을 얻어내기 위해서가 아닌 거예요. 오히려 예수님과 같이 상대의 허물을 가리고, 상대를 섬기기 위해 사랑합니다. 서로가 예수님의 사랑을 닮아갈 때 그 관계가 완성되어가는 것이죠.

연인 혹은 배우자와의 관계에서 스트레스가 많은 분들 계신가요? 이 사랑의 집착과 함정에서 벗어나시기를 소망합니다. 나를 향한 사랑의 완성을 십자가에서 이루시고, 우리가 자유롭게 사랑할 수 있도록 아무도 원치 않는 존재로 오신 예수님을 내 삶의 주인으로 삼으시기를 기도합니다. 그때에 비로소 상대방을 이용하지도, 헛된 기대를 하다가 실망하지도 않고, 있는 그대로 사랑해줄 수 있는 멋진 사랑이 가능할 겁니다.

Part 2

내 인생의 필요…
하나님이 채우신다

⑤

의미가 필요하다

#인생 뭐 있었다 #모든 사람은 의미 있게 태어난다
#인간이 의미를 찾는 게 아니라
#하나님께 발견되는 것이다 #이해가 아니라 신뢰

"왜
슬프냐구요?"

"헤어져서요."

"돈이 없어서요."

"불합격해서요…."

의미 없이는

주변에서 우울과 슬픔에 빠진 사람들을 종종 만나실 것입니다. 왜 슬픈지 물어보면 여러 대답이 나옵니다. "헤어져서요", "돈이 없어서요", "불합격해서요…."

하지만 조금 더 대화를 나누어보면 헤어짐이나 불합격 자체가 슬픔을 만들어내는 것이 아니라는 것을 깨닫게 됩니다. 현재를 좌절하게 만든 상황이 다른 것들과 연결되어 결국 좋게 완성되거나 회복될 것이라는 설렘, 소망, 기대, 그것이 없기에 슬픈 것 같아요. 즉 지금 현실의 의미를 찾지 못하겠다는 겁니다. 그 벌어진 상황에 대해서 온전한 의미, 완성된 의미를 기대할 수 없을 때, 연결되지 못할 때 슬픔을 느끼게 되는 거죠.

노래로 의미를 덮어봐도

그런데 저와 여러분이 살고 있는 이 시대의 문화는 의미를 찾을 수 없는 슬픔을 중요하게 여기지 않는 것 같아요. 인생에 어려운 일들이 벌어졌을 때 굳이 의미를 찾으려 하지 말고 그냥 노래로 덮자고 말합니다. 유명한 노래라 다 아실 거예요. 전인권 씨도 부르고, 이적 씨도 불렀던 "걱정 말아요 그대"라는 곡의 가사를 한번 살펴보겠습니다.

그대여 아무 걱정하지 말아요
우리 함께 노래합시다
그대 아픈 기억들 모두 그대여
그대 가슴에 깊이 묻어버리고
지나간 것은 지나간 대로
그런 의미가 있죠
떠난 이에게 노래하세요
후회 없이 사랑했노라 말해요.

삶에 지나간 어려운 일이 있습니다. 그것이 무슨 의미인지 이해하지 못해 힘들어하고 있는데, 노래하자고 말합니다. 그리고 그것에 의미를 부여해줍니다. '그런 의미'라고 합니다. 제가 참 좋아하는 곡이긴 한데, 조금 이상하지 않나요? 2절은 더 잔인하다고 느껴져요.

> 그대는 너무 힘든 일이 많았죠
> 새로움을 잃어버렸죠
> 그대 슬픈 얘기들 모두 그대여
> 그대 탓으로 훌훌 털어버리고
> 지나간 것은 지나간 대로
> 그런 의미가 있죠
> 우리 다 함께 노래합시다
> 후회 없이 꿈을 꾸었다 말해요.

슬픈 이야기들이 있습니다. 하지만 모든 것을 제 탓으로 돌리라고 하네요. 꿈 잘 꾸었다고 말하며 '그런 의미' 정도만 있으면 되는 거라고 위로합니다.

인생에 어려운 일들이 벌어졌을 때
굳이 의미를 찾으려 하지 말고
그냥 노래로 덮자고 말합니다.

슬픈 자는 복이 있다

성경은 우리의 삶에 대해서 이 노래와는 전혀 반대되는 말을 하고 있습니다. 의미를 찾지 못하는 삶을 슬퍼하고 있을 때 슬픔을 그치고 노래하라고 하지 않아요. 슬픈 자, 애통하는 자는 오히려 복이 있다고 말합니다.

> 애통하는 자는 복이 있나니 그들이 위로를 받을 것임이요 (마 5:4).

무슨 말일까요? '삶에 의미가 없으면 안 된다는 것을 깨달은 너는 복이 있다'라는 뜻입니다. 자기를 둘러싼 삶에 대해서 온전한 의미를 찾지 못해 방황하는 사람들이 복이 있다고 하네요. 의미를 노래로 덮으려고 하지 말고, 하나님 앞에서 애통해하면 하나님이 분명히 그 사람을 위로해주신다는 거죠.

의미를 가볍게 여기지 마세요

요즘 젊은 분들은 스트레스를 푸는 취미생활도 많이 하

시고, 여행도 더 많이 다니시는 것 같아요. 그런데 예전보다 여가 생활이 더 많아진 것 같음에도 마음은 왜 자꾸만 답답해지는 걸까요? 그 이유가 여기에 있습니다.

처음에는 어려운 현실에 대한 해답으로 즐거움을 찾아다니면서 살면 되는 줄 알았지요. 그런데 즐겁게만 살다가 간다고 말하기엔 인생의 무게가 너무 무겁고, 즐거웠다고만 말하기엔 인생의 고민이 너무 많고, 좋은 경험이었고 이제 헤어져도 미련 없다고 말하기엔 이제껏 쌓아온 관계들이 정말 귀중한 것이었습니다. 모든 것을 '그저 즐거웠다'고 치부하기엔 삶의 여러 순간들이 의미의 완성을 바라고 있는 것이죠.

성경은 결코 의미의 무게, 의미의 가격을 후려치라고 말하지 않습니다. 우리가 알고 싶은 삶의 의미는 싸구려가 아니에요. 우리는 삶의 의미를 찾아야 합니다. 그래서 성경은 이에 대해 애통한 자가 정직한 자이고, 애통한 자가 복을 얻을 것이라고 말합니다.

하나님이 주시는 위로의 과정, 회개

그렇다면 의미를 찾을 수 없어 애통한 우리에게 하나님은 어떤 위로를 주실까요? 하나님은 우리에게 먼저 회개하게 하시고, 그다음 영원의 관점을 주십니다.

삶에서 일어나는 일들 속에서 의미를 찾는 나에게 하나님이 하시는 일은, 회개하게 하시는 것입니다.

회개란 무엇일까요? 간단히 말해, 죄로부터 돌이켜 하나님께로 가는 것입니다. 영어로는 'from sin to God'이라고 할 수 있겠네요.

'죄'와 '회개'라는 듣기 싫은 말들을 '의미'라는 관점에서 조금 쉽게 설명해볼게요. 죄란 하나님 대신 내가 내 삶의 주인이 되려고 하는 것을 말합니다. 삶의 의미라는 측면에서 말하자면 "하나님이 없어도 내 삶의 의미를 만들어낼 수 있습니다. 내 해석이 맞습니다"라고 말하는 것이지요.

내가 삶의 의미를 만들려고 하는 것, 이 죄가 사실 우리의 삶을 늘 힘들게 하는 것 같아요. 의미의 주인이 나라고 믿을 때는 어려운 일이 생기면 슬픔을 참거나, 억지로 웃으면서 나는 잘 살고 있다고 정당화시켜야 했습니다. 왜냐하면 내 판단이 맞고, 내 선택이 옳았다는 것을 증명해야 했기 때문이지요. 그래서 나의 행동을 정당화하기 위한 말을 해야 했습니다. "연봉이 높으니 그래도 이 회사 다니는 건 의미 있는 거야", "내가 이렇게 술에 빠진 건 나름대로 지금 내 상황을 위로하기 위해서야", "실패는 했지만 그래도 좋은 경험이었어" 등 다양한 말로 내 상황을 스스로 긍정하려 노력해야 했습니다.

이에 반해 회개란 "내가 만들어내는 의미로는 한계가 있습니다. 나는 스스로 의미를 만들어낼 수 있는 존재가 아닙니다"라고 고백하는 것입니다. 하나님은 어느 순간 우리에게 찾아오셔서 내 행동, 내 생각으로 의미를 만들어내는 것은 충분하지 못함을 깨닫게 하십니다. 그리고 결국 내가 의미를 만들어내야 한다는 주인 됨을 포기하게 하시는 것이지요.

의미는 하나님이 만들어가시는 것이지, 나는 의미를 직접 추구할 수 있는 존재가 아닙니다. 나는 의미의 주인이 되시는 분께 의존해야 할 존재임을 알게 하십니다. 이것이 회개입니다. 이 회개가 먼저 있기 전에는 하나님의 위로를 경험할 수 없지요. 벌어진 상황의 의미를 내가 파악하려 하지 않는 것이 진정한 회개의 시작입니다.

의미의 회개에서, 존재의 회개로

기독교는 내 삶에서 일어난 어떤 사건의 의미에 대해서 말하고 끝나는 것이 아닙니다. 사건의 의미가 아니라, 내 존재의 의미에 대해서 말하지요.

사람은 하나님을 삶의 주인으로 모시고 하나님 안에서 행복을 누릴 수 있는 존재로 창조되었습니다. 그러나 우리는 모두 하나님이 없이도 내 존재가 충분히 가능하고, 의미를 만들어낼 수 있다고 생각하고 살아왔지요. 각 사람이 내 존재의 주인이 되는 것, 그 자기중심성을 바로 '죄'라고 하는 것입니다. 주인이 두 명일 수는 없잖아요? 내가 주인이라면 다른 주인은 집을 나가야 합니다. 나의 죄란 다른 주인이신 하나님과 관계를 끊어지게 만든 것이죠.

그래서 하나님과의 관계를 회복하기 위해서는 나의 주인 됨을 포기하고 그분의 주인 되심을 다시 인정하는 방법밖

삶에서 일어나는 일들 속에서
의미를 찾는 나에게
하나님이 하시는 일은,
회개하게 하시는 것입니다.

에 없어요. 삶에서 경험하는 각각의 일들의 의미뿐만 아니라 내 자신이 하나님이라는 존재를 거절했었음을 시인하는 것, 그것을 회개라고 합니다. 진짜 주인을 다시 인정한다는 말이지요.

가난을 보는 눈

저는 재정적인 어려움으로 가난한 학창 시절을 보냈어요. 가난해진 이유도 참 고상했습니다. 친척 어른 중 한 분이 목회를 하신다고 해서, 진심 어린 마음에 우리 가족은 그분의 후원자가 되었습니다. 그러나 여러 가지 일들이 꼬이면서 소위 '집에 딱지가 붙는' 경험도 했었지요. 집 안에 있는 모든 것은 다 팔려도 제 컴퓨터만은 빼앗기고 싶지 않아, 압류가 가해질 때 책상 깊숙이 컴퓨터를 숨겼던 기억이 납니다.

사춘기였던 저는 하나님께 이렇게 기도했습니다. "하나님, 제가 다른 특별한 욕심이 있어서 그런 게 아닙니다. 돈이 있어야 다른 사람도 돕고, 돈이 있어야 제가 하는 학업도 계속할 수 있지 않을까요?" 그 질문을 다르게 말하면 이런 말이겠지요. "저는 이 가난의 이유를 찾을 수 없습니다." 이것 아닐까요? 하나님은 제 기도에 합당하게 반응하시지 않는 듯했습니다.

그 질문이 해결되지 않은 채 대학교에 입학했고 학업과 여행, 열정과 새로운 만남으로 가득 찬 캠퍼스 생활을 했습니다. 그런데 친구들을 만나던 어느 순간 제 눈이 열리는 경험을 했습니다. 제 눈에 가난한 친구들이 보이기 시작했던 거지요.

다른 사람들은 그 친구의 생활을 이해하지 못했습니다. 다른 사람들은 왜 그 친구가 수업이 끝나자마자 바쁘게 어디를 가는지, 왜 매일 모임에 참석하지 못하는지, 왜 여행 계획에는 늘 빠지는지 궁금해했어요. 다른 것 때문이 아니었습니다. 학비를 벌고, 가계를 책임져야 하는 가난 때문이었지요.

제 눈에 가난한 친구가 보인 순간, 하나님이 제 기도에 응답하신 것 같았습니다. "이것이 너에게 허락한 가난의 의미다." 하나님은 저에게 가난을 보는 눈을 열어주기를 원하셨던 것 같아요.

당시는 목회의 꿈도 없을 때였습니다. 그런데 시간이 지나자 더욱 절절히 깨닫게 되었습니다. 오히려 목회자의 길을 걷는 저에게는 가난이 재산이 되었습니다. 가난을 경험해보지 않은 목회자가 성도에게 어떤 위로를 줄 수 있을까요? 그래서 저희 교회는 '돈 무서운 줄 아는 교회'가 되었습니다. 하나님이 주신 재정, 성도가 피땀 흘려 하나님께 다시 돌려드린 헌금이 결코 헛되이 쓰여서는 안 된다는 것을 피부로 알게 된 것이죠. 가난을 경험해봤던 목회자는 자연스럽게 가장 필요한 곳에만 재정을 쓰는 지혜로움을 발휘할 수 있었지요. 그때 고백하게 되었습니다. 저에게 가난을 허락하신 주인도 하나님이셨습니다.

집과 결혼을 포기하니 행복해요

제 주변에 무언가를 포기한다는 친구들을 자주 만납니다. 처음엔 그들이 끈기가 부족하고, 삶에 대해 부정적인 친구라고 색안경을 끼고 바라봤어요. 그런데 그들의 이야기를 들어보니, 포기하는 이유가 이해되더라고요. 그 친구들은 이렇게 말했습니다. "완성하지 못할 것을 알기에 포기하는 거예요." 완성하지 못할 것을 알기에, 어쩔 수 없이 선제 조치를 하는 거죠.

시대적인 분위기가 잘 나타난 기사가 하나 있어요. 기사 제목이 흥미로운데요. "'집·결혼 포기하니 행복해요'… 미래보다 현재에 집중하는 2030"이라는 기사입니다. 요즘 젊은 분들이 집을 사기가 너무 어렵고, 결혼도 너무 어려우니까 현재에 노는 것에만 집중하겠다는 이야기예요. 이 기사에 실린 한 20대 청년의 이야기를 들어보겠습니다.

이 대리는 "직장 생활 3년 반 동안 부모님 용돈과 교통비, 통신비, 식비 등을 제외하고는 거의 저금에만 주력했다"며 "그렇게 모은 돈이 외제 차 한 대 값 정도였는데 문득 결혼 자금에 천정부지로 치솟는 서울 집값까지 생각하니 눈앞이 캄캄했다"며 "그때부터 집과 결혼 모두 포기하고 지금의 삶에 집중하고 있다"고 말했다.[13]

우리가 이 청년의 말을 함부로 비난할 수 있을까요? 씁쓸하면서도 공감이 갑니다. 시원한 발언이라는 생각이 듭니다. 그런데 그 밑에 베스트 댓글이 달렸는데, 많은 사람의 추천을 받았습니다.

저는 공부에 찌든 초등학생입니다. 공부 포기하니 삶의 질이 높아졌습니다. 앞으로는 현재에 집중하려고요. 그래서 지금 PC방에 가고 있습니다.

왜 이 댓글이 베스트가 되었을까요? 사람들은 이 댓글을 읽고 무엇인가를 깨달은 것 같습니다. 왜 이 초등학생 말에는 공감을 눌렀을까요? 지금 공부가 어렵다고, 그 의미를 모르겠다고 이야기하지만 다시 생각해봤으면 좋겠고, 그 과정을 충실히 겪었으면 좋겠다는 바람 아닐까요?

우리는 초등학생과 같이 보이는 대로만 의미를 해석하고 함부로 살려고 하지만, 사실 성인만 되어도 다르게 보이잖아요? 마찬가지로 우리 삶의 많은 과정은 의미를 규정하는 주인이 하나님이시라면 다르게 해석될 수 있는 것입니다.

이 초등학생에게 필요한 것은 무엇일까요? "내가 공부해야 할 의미를 이해하면 하겠습니다"라는 의미의 주인 됨을 포기하고, 매번 과목마다 도대체 왜 배워야 하는지 반항하기보다는, 인생의 의미에 대해서 조금 더 잘 이해하는 부모나 가르치는 사람에 대한 인격적인 신뢰가 필요하겠지요. 그 신뢰 속에 나를 가르치는 자가 원하는 행동을 따라갈 때, 삶의 의미는 부수적으로 만들어질 것입니다.

아무 죄를 짓지 않으신 분의 슬픔

예수님은 아무 죄를 짓지 않으셨으나 삶이 고통과 가난으로 점철되어 있었습니다. 의미를 찾을 수 없는 고난, 이유를 찾을 수 없는 고난, 애통함이 찾아온 것이죠. 그리고 우리 대신에 성부 하나님께 이렇게 질문하셨습니다.

> 제구시에 예수께서 크게 소리 지르시되 엘리 엘리 라마 사박다니 하시니 이를 번역하면 나의 하나님, 나의 하나님 어찌하여 나를 버리셨나이까 하는 뜻이라 (막 15:34).

"어찌하여, 어찌하여", 이것이 바로 우리가 하나님께 던지고 싶은 질문 아닌가요? 예수님이 우리 대신 하나님께 이렇게 질문하신 것입니다. "내가 당하는 이 고통에 이유, 의미, 그 결론을 모르겠습니다"라는 한탄 말입니다. 그런데 그 고난의 이유를 충분히 이해하지 못할 때에도 예수님은 나와 달리 이렇게 말씀하셨습니다.

> 예수께서 큰 소리로 불러 이르시되 아버지 내 영혼을 아버지 손에 부탁하나이다 하고 이 말씀을 하신 후 숨지시니라 (눅 23:46).

아버지 손에 무엇을 부탁하신 것인가요? 의미의 관점에서 저는 이것이 이렇게 읽힙니다. "저의 죽음의 의미는 하나님이 만드십니다." 우리는 지금 그 의미를 알고 있습니다. 우리에게 죽음을 넘어선 생명을 주시기 위해 우리의 죄를 짊어지신 것이 그분의 죽음의 의미입니다.

이해되지 않아도 신뢰할 수 있습니다

이제 우리는 십자가에 달리신 예수님의 모습을 볼 때에만 알 수 있습니다. 내가 하나님을 믿고 나서도 도저히 내가 겪은 고난, 현재 처한 상황의 의미를 찾을 수 없는 일이 앞으로도 많이 펼쳐질 테지요. 그럼에도 불구하고 예수님

안에 있는 나는 예전처럼 내 나름의 의미를 만들어내는 것이 아니라, 하나님이 원하시는 반응 속에서 그분을 신뢰할 수 있습니다.

예수님이 인간의 몸을 입고 직접 오셔서 내 모든 의미가 사라지게 할 뻔한 나의 잘못된 선택, 죄의 대가, 하나님을 거부한 대가들을 짊어지고 십자가에 죽으시고, 나에게 죽음을 뛰어넘는 영생을 선물로 주셨습니다. 그러면 현재의 슬픔도 다르게 해석할 수 있습니다. 죽음 속에서 영생이라는 의미를 만들어내신 분이라면, 내가 경험하는 이 의미를 찾을 수 없는 일들 속에서도 선한 의미, 선한 결과들을 만들어가시리라 믿을 수 있는 거죠.

❻ 용기가 필요하다

#누구나 맞는 삶의 풍랑 #용기를 낼 수 있는
#근거가 필요하다 #내가 믿는 대상이 흔들릴 때
#나도 흔들린다 #진정한 용기는 어디서 오는가

"제가 볼 때는
제가 참 괜찮은 사람이라고 생각하는데…"

"사회는 계속 저에게
별로라고 말하는 것만 같아요."

용기가 필요한 시대

계속해서 취업에 실패하는 한 청년과 이야기를 나눈 적이 있어요. 점점 자신감이 사라진다는 고백을 했습니다. 그러고는 취업에 계속 실패한다는 느낌이 무엇인지를 이렇게 표현하더라고요. "제가 볼 때는 제가 참 괜찮은 사람이라고 생각하는데, 사회는 계속 저에게 별로라고 말하는 것만 같아요. 그러다보니 점점 용기가 사라져요." 인생의 너무 큰 풍랑 앞에서 계속해서 용기를 낼 수 있는 사람은 아무도 없겠지요.

우리는 성공해서 화려한 삶을 살고 있는 사람, 실력이 있는 사람들은 용기백배할 것이라고 단정하는 경우가 있어요. 대중의 사랑으로 돈을 버는 아티스트의 삶을 꿈꾸어 성공한 연예인의 고백이 여기에 있습니다. 래퍼 지코인데요. 그가 발표한 노래 중에 "천재(Behind the scene)"라는 곡이 있습니다. 다른 사람들은 자기를 볼 때 음악적 재능 때문에 늘 자신감이 가득 차 있고, 용기로 충만해 있을 것으로 생각하지만 그의 삶은 전혀 그렇지 않다고 고백해요. 이 마음을 담은 가사에 누구나 공감할 것 같아요.

…약속 또 펑크 내고 작업실로 기어가…
두 겹의 컵에 탄산수 가득 채우고…
개쩔거나 개졸작이거나
퇴근길 내 입 모양으로 알 수 있지
오늘 컨디션 별로라 뭐라도 걸려라는
심정으로 던져 영감의 미끼…

Uhm 수고스러운 평론을 준비 중이라면
넣어둬 이 새꺄
Uhm 난 작업 당시에 충분히
내가 병신임을 체험해 이 새꺄

구상만 하다 하루를 통째로 날려

스트레스 받을 틈도 없어
한숨은 하품할 때 몰아쉬어
G major도 못 집던 놈의
과감한 터치는 없고
요령만 잔뜩 터득한 걸
화가와 작가, 연기자와 음악가
다 빚쟁이 처지 작품을 독촉받아
자뻑을 언제 했는지 기억조차 안 나.

실력 있는 사람들도 이러한 실력을 계속 유지할 수 있을지, 이것이 내 미래를 보장할 수 있을지 두렵다는 고백 아닐까요? G 메이저 코드도 모르던 때에는 실력만 키우면, 유명해지면 용기가 생길 줄 알았는데 이제는 자뻑도 사라졌다는 고백. 이것이 인생이라는 풍랑을 경험할수록 깨닫게 되는 우리 모두의 고백이 아닐까요?

풍랑 속에 만나는 예수님

신앙이 있든 없든, 하나님을 향해 나아갈 때 가장 우리의 발목을 잡는 문제는 실제 내 앞에 닥친 고난입니다. "좋으신 하나님이 왜 나의 삶에 어려운 일을 허락하셨을까?" 하는 의문이죠.

성경 마가복음 4장에는 예수님과 제자들이 갈릴리 바다를 건너가는 장면이 나옵니다. 이 갈릴리 바다는 늘 두 공기가 만나서 광풍을 만들어 어부들을 어렵게 한 지형이었거든요. 그런 곳에서 배가 좌초되기 직전인 위기에 봉착하게 돼요.

> 큰 광풍이 일어나며 물결이 배에 부딪쳐 들어와 배에 가득하게 되었더라(막 4:37).

왜 이 제자들이 풍랑을 만났을까요? 예수님이 그렇게 시키셨기 때문이에요. 이 구절 앞서 무슨 일이 있었는지 읽어보겠습니다.

> 그날 저물 때에 [예수께서] 제자들에게 이르시되 우리가 저편으로 건너가자 하시니(막 4:35).

그렇다면 누구 때문에 풍랑을 만난 건가요? 예수님 때문인 거죠. 그러면 당연히 반발심이 생깁니다. 내 삶의 모든 고난을 예수님이 책임지셔야 하는 것 아닐까요? 역시나 제자들도 우리와 수준이 비슷했나봅니다. 제자들이 우리 대신 예수님께 '예수님 책임론'을 들고 나오고 있네요. "예수님, 당신이 오자고 해서 이렇게 된 것 아닙니까!"라고 화를 냅니다.

> 예수께서는 고물에서 베개를 베고 주무시더니 제자들이 깨우며 이르되 선생님이여 우리가 죽게 된 것을 돌보지 아니하시나이까 하니 (막 4:38).

이 짧은 성경 구절을 통해서 우리가 꼭 기억해야 할 것이 있다고 생각해요. 예수님이 제자들과 함께 바다를 지나가고 계신데 예수님도 알지 못하셨던 풍랑이 우연히 일어난 것이 아니었어요. 분명히 하나님의 계획 속에 일어난 일이었습니다. 즉 하나님은 우리 삶에 벌어지는 모든 풍랑을 알고 계시고 그 모든 일에는 분명한 목적이 있다는 것 아닐까요?

삶의 풍랑은 우리에게 던지는 질문

우리가 삶의 풍랑을 맞았을 때 왜 풍랑을 허락하셨냐고 예수님을 탓하기 전에, 풍랑 속에서 예수님이 우리에게 던지시는 질문을 들어야 한다고 생각해요. 그 질문이 무엇일까요? 그것은 "너는 네 삶의 풍랑을 어떻게 해석하며, 그것을 어떻게 이겨낼 수 있겠니?"라는 질문입니다. 예수님은 지금 우리에게 삶의 풍랑을 헤쳐가는 용기가 어디에서 나오는지를 묻고 계신 것 같아요. 용기에는 근거가 있어야 함을 말씀해주고 싶어 하세요.

인생에서 많은 풍랑을 만나다보면 깨닫게 되는 것이 있습니다. 풍랑 때문에 삶이 흔들리는 것이 아니라, 내 마음이 흔들리고 있다는 사실 말입니다.

내가 의지하는 든든한 것이 있을 때는, 사실 풍랑이 와도 두렵지 않습니다. 큰돈을 가진 사람이 있다고 생각해보세요. 취업에 실패했다고 두렵겠습니까? 하지만 매월 방세 때문에 허덕이는 자취생에게 취업 실패는 삶의 엄청난 풍랑으로 다가옵니다. 결국 풍랑이 문제가 아니라, 내가 의지할 것이 있느냐의 문제인 거죠. 모든 사람의 용기에는 근거가 필요하다는 생각이 들어요.

예수님이 우리의 삶에 가끔 풍랑을 만나게 하시는 이유가 바로 이것입니다. 살다가 나도 모르게 내가 '이것만 있으면 든든하다'라고 생각했던 것이 무너질 때, 내 삶도 같이 무너지게 됨을 깨닫습니다. 풍랑은 언제나 있었습니다. 다만 내가 신뢰하는 대상이 흔들릴 때 나도 흔들리는 것입니다. 하나님은 가끔 흔들림을 허락하십니다. 내가 의지해 용기를 내었던 대상들이 사실은 일시적인 것들이며, 믿을 만한 것이 아님을 깨닫게 하시는 거죠.

용기의 근거는 하나님입니다

하나님은 하나님을 제외하고 용기의 근거로 삼았던 삶의 모든 근거를 풍랑으로 흔드십니다. 그래야 아무것도 가지지 않아도 하나님으로부터 오는 용기를 체험할 수 있기 때문입니다.

예쁘거나 잘생겨서 자신감이 있으신가요? 외모가 용기의 근거입니다. 나보다 뛰어난 외모를 가진 사람들이 옆에 있

○ 결국 풍랑이 문제가 아니라,
   내가 의지할 것이 있느냐의 문제인 거죠.

으면 갑자기 불안해질 것입니다. 커리어나 능력에 따라서 살면 사랑받다가도 어느 순간 실력이 뒤처질 때 외면당하게 됩니다. 이렇게 변하는 것들로는 이 땅에서 영원히 안정되고, 영원히 인정받는 삶을 살 수 없습니다.

성경은 인간이 이 땅의 어떤 기준에도 구애받지 않을 수 있는 사랑을 필요로 함을 포착합니다. 그 사랑은 하나님과의 관계로부터 옵니다. 하나님과 관계가 깨진 인간은 내가 가치 있는 존재인지 언제나 알고 싶어 하고 불안해합니다. 그래서 하나님 대신 이 땅의 학력이나 연봉, 결혼 등을 기준으로 삼아 내 삶이 괜찮다고 위안합니다.

내 삶의 풍랑에 관심 있는 존재

이상합니다. 예수님을 믿는다고 내 삶이 가치 있어집니까? 스펙이 나아집니까? 연봉이 오릅니까? 아무 일도 일어나지 않는데, 내 삶의 연약함은 그대로인데 어떻게 삶의 풍랑을 이길 수 있다는 것인지 허무맹랑하게 들립니다.

우리 삶의 풍랑은 그렇게 만만한 것이 아니란 생각이 들어요. 단순한 용기로 해결될 문제도 아니지요. 우리는 내 삶의 풍랑에 관심이 있는 존재가 필요합니다.

인생을 두려움, 공포, 풍랑으로 묘사한 책이 있습니다. 바로 성경이에요. 성경은 인생을 바다로 묘사해요. 삶이란 나의 외모나 재정 상태, 커리어에 따라 평가가 매 순간 바뀌는 풍랑이 이는 바다와 같다는 말이겠죠.

앞서 마가복음 4장에서 제자들은 풍랑으로 인한 두려움에 빠져 어쩔 줄을 몰랐습니다. 그때 예수님은 그 풍랑을 잔잔하게 만들 수 있는 능력이 있는 존재임을 드러내셨습니다.

> 예수께서 깨어 바람을 꾸짖으시며 바다더러 이르시되 잠잠하라 고요하라 하시니 바람이 그치고 아주 잔잔하여지더라(막 4:39).

제자들은 풍랑을 멈출 수 없었지만 예수님이 말씀하시자 파도가 잔잔해졌습니다. 성경은 인생의 모든 풍랑을 막을 수 없는 근본적인 원인을 다르게 제시하고 있습니다. 우리가 풍랑을 이길 수 없는 이유를 내게 용기가 없기 때문이라고 지적하지 않아요. 오히려 예수님을 만나야 해결될 수 있다고 말하고 있는 거죠.

예수님은 내 삶의 풍랑을 중요하고 심각하게 여기시고, 그냥 넘어가지 않으신다는 것입니다. 그 모든 풍랑을 해결할 능력도 있으신 분이고요.

만약 우리의 인생에 풍랑을 허락하신 분이 하나님이시고, 그 풍랑 속에 그분의 계획이 있으며, 해결할 수 있는 능력도 가지고 계신다면 우리가 그분을 믿을 때, 그제야 풍랑 속에서도 안심할 수 있게 됩니다.

용기를 낼 수 있는 유일한 근거

저는 비교적 안정적인 직장에 취업을 빨리 한 편이었습니다. 섬기던 교회에서도 평신도로서 열심히 사역을 하고 있었지요. 하지만 제 마음속에는 자꾸 제가 직접 목회자가 되어 복음을 전해야겠다는 생각이 끊이질 않았어요.

그 고민을 하던 때가 29세였습니다. 3년 차 직장인으로서 재정적으로나 업무적으로나 많이 안정이 되어가는 시기

였죠. 여기서 진로를 완전히 바꾼다는 것은 엄청난 위험이 있는 일이었습니다. 그래서 저희 부모님은 농담 삼아 이렇게 말씀하셨죠. "한 5년만 더 벌면 훨씬 안정적으로 목회를 할 수 있지 않겠니?" 저희 가정이 목회를 안정적으로 지원해줄 수 있는 재정 상태가 아니었기 때문에 당연한 이야기였지요.

그 말이 저는 너무 그럴듯하게 들렸습니다. 게다가 한 가지 문제가 더 있었는데, 결혼이었습니다. 그 당시 저는 결혼을 하지 않은 상태였어요. 그리고 직장생활을 하는 3년 내내 여자 친구를 사귀지 않았습니다. 못 사귀었던 것은 결코(!) 아니었고요. 직장 동료분들이 교회 다니는 신실한 자매님과 소개팅을 해주겠다고 그렇게 권유했어도 저는 거절했어요. 왜 그랬을까요? 두려웠기 때문입니다.

여성분들이시라면 한번 생각해보세요. 포스코에 다니던 남자와 한참 교제를 하고 있는데 그 사람이 갑자기 개척교회 목회자가 되겠다고 한다면, 배신감을 느끼지 않을까요? 저는 여성분에게 충격을 주고 싶지 않았습니다. 목회자라는 사명을 이야기했을 때 이제까지의 관계 안에서 일어날 수 있는 충격이 너무 두려웠던 거죠.

저는 하나님의 인도하심을 따라간다는 그 한 가지 사실 때문에, 인생 전체에 풍랑이 몰려오는 것 같은 두려움을 경험했습니다. 하나님은 제가 의지할 수 있는 모든 이 세상의 용기의 근거를 사라지게 하셨어요. 목회를 하면 직장도 없어집니다. 재정적으로도 어려워집니다. 심지어 가장 중요한 결혼의 문제도 꼬일 것 같았습니다. 그리고 계속 의구심이 들었어요. "제가 굳이 목회를 안 해도 되지 않을까요? 잘하는 사람 많지 않나요?"

제가 용기를 낼 수 있었던 유일한 근거는 한 가지였습니다. 기도 중에 하나님이 저의 마음에 강한 확신을 주셨어요. "다른 사람, 다른 상황을 신경 쓰지 말아라. 내가 너의 설교를 통해서 구원할 사람들이 있다."

강한 확신 속에 목회를 시작하고 설교를 준비하던 도중, 제 안에 샘솟는 용기를 준 성경 말씀이 바로 마가복음 4장이었어요. 내 인생의 마지막 풍랑 앞에 당당하게 맞서신 용기 있는 그분이 보이기 시작했던 것이지요.

사람이 인생에서 만나야 할 마지막 풍랑

제자들과 함께 배를 타신 예수님은 제자들이 예수님을 불러 도움을 요청했을 때 바로 응답하셨습니다. 그런데 이 사건 이후, 십자가에 못 박히신 하나님의 아들 예수님이 성부 하나님을 부르셨을 때 하나님은 응답하지 않으셨습니다.

> 제구시쯤에 예수께서 크게 소리 질러 이르시되 엘리 엘리 라마 사박다니 하시니 이는 곧 나의 하나님, 나의 하나님 어찌하여 나를 버리셨나이까 하는 뜻이라(마 27:46).

아니 풍랑을 잠잠하게 하신 그분이, 어떻게 십자가에서 아무 행동도 하지 못하고 쓸쓸히 죽음을 맞이해야만 하셨을까요?

그것은 바로 우리가 겪어야 할 삶의 마지막 모습이었던 것입니다. 예수님은 우리가 살아야 할 인생을 대신 살고 계셨던 거죠. 인생의 마지막 풍랑, 죽음의 때에 하나님을 떠난 우리는 그분의 응답을 들을 수 없었고, 영원히 하나님과 끊어질 수밖에 없는 운명이었습니다. 그것이 사람이 인생에서 만나야 할 마지막 풍랑입니다. 우리는 아무도 죽음 앞에 용기를 낼 수 없었던 거죠.

그러나 예수님은 나 대신 그 죽음 앞에 서셨고 용기를 내셨습니다. 왜 그러셨을까요? 내 삶을 죽음의 풍랑을 넘어서, 영원히 하나님과 동행하며 영생하는 존재로 만들고 싶으셨기 때문인 것 같아요. 저는 그때 알았습니다. 죽음이라는 풍랑 앞에 나를 위해 용기 내셨던 그분이 나와 함께 계시다면, 저는 그 인생의 많은 풍랑 속에서도 결코 무너지지 않을 거라는 사실을 말이죠.

이제 풍랑이 다시 해석됩니다

예수님이 내가 언젠가는 맞게 될 죽음을 위해 하신 일을 볼 때에만 우리는 알 수 있어요. 우리는 지금까지 예수님이 나를 사랑하지 않으셔서 내 인생의 풍랑을 가만히 두시는 줄 알았어요. 그러나 아니었습니다. 예수님이 나를 위해서 내가 맞이해야 할 인생의 영원한 풍랑, 너무나 큰 죽음의 파도에 나 대신 몸을 던지셨다는 것을 안다면 이제 확신할 수 있는 거죠.

죽음의 파도에도 나 대신 기꺼이 생명을 내어주신 분이 내 삶에 허락하신 작은 풍랑들은 결코 내 삶을 손해 보게 하거나, 내 기를 죽이거나, 나를 심판하려는 것이 아닙니다. 특별한 목적이 있기 때문에 이 일시적인 풍랑을 잠시 허락하시는 것이라는 확신을 갖게 돼요.

용기의 근거, 예수님

예수님을 만날 때에만 내 삶에 진정한 용기가 생길 수 있어요. 아무도 나를 인정해주지 않더라도, 사랑받고 싶은 그 마음을 꾹 참고 용기를 내는 차원이 아닙니다. 별 볼 일 없고, 보잘것없는 나를 위해 죽음의 십자가에 몸을 던져 나를 사랑하신 분, 용기 내신 분이 있음을 알기에 우리가 용기를 낼 수 있는 것입니다.

이제 내 용기는 스펙으로부터 나오는 용기가 아닙니다. 연인으로부터 나오는 용기가 아닙니다. 내가 스스로 억지로 만들어내는 용기도 아니고요. 내가 영원히 하나님께 사랑받는 존재라는 것을 깨달은 자의 용기입니다. 그 사랑이 온전히 이해될 때 어떤 상황에도 무너지지 않는 용기 있는 삶이 가능하리라 생각해요.

 용기가 필요하시다면 이리저리 흔들리는 스펙이나 외모를 따라가다가 열등감에 사로잡히지 마시길 바라요. 아무도 인정하지 않는데 근거 없이 쥐어짜낸 용기로 "나는 소중하다!"고 외치실 필요도 없어요. 보잘것없는 나를 위해 몸을 던져 영원히 사랑하신, 그분만을 다시 기억해내면 돼요. 그분이 여러분의 삶을 죽을 때까지 붙드실 겁니다. 그분 안에 내 삶의 용기가 있습니다.

그분 안에 내 삶의 용기가 있습니다.

⑦ 회복이 필요하다

#철저히 기억해서 복수하거나 #잊어버리거나
#이해할 수 없던 일들도 #해석되기 시작하다
#나쁜 일에서도 #좋은 일들이 만들어진다
#새롭게 발견되는 소망

"이 세상에는 믿을 사람이 아무도 없구나."

"이 세상에서는 억울한 일을 당하면, 끝이구나!"

억울한 기억의 귀환

제가 전도했던 스무 살의 한 청년이 있었습니다. 참 밝은 친구였습니다. 하루는 자신의 초등학교 때 이야기를 꺼냈습니다. 자신을 신뢰하고 사랑해주는 담임선생님을 만나 학교생활을 잘하고 있었대요. 그런데 학교에 지적장애인 친구가 한 명 있었는데, 그 친구가 학교에서 추행을 당하는 일이 벌어졌습니다.

학교에서 범인을 찾기 시작했는데, 지적장애인 학생에게 다른 학생들 사진을 보여주면서 추행하는 사람을 지목하라고 했다더군요. 그때 다른 친구들과 함께 그 청년을 지목했다는 겁니다. 자신은 학교에서 개구쟁이로 유명했을 뿐, 결코 그런 짓을 한 적은 없었는데 말이죠.

그 일 이후로 자신을 신뢰하던 선생님이 돌변했고, 자백을 받아내려고 교실에 감금해 밤새 집에 가지 못하게 했다는 것입니다. 결국 압박을 이기지 못하고 자기가 했다고 허위 자백을 했대요. 그렇게 초등학교 시절 전부를 선생님과 친구들에게 범죄자로 낙인찍혀서 지냈던 거죠.

다행히 이 청년은 삐뚤어지지 않고 건강하게 성장했습니다. 그런데 이상한 일이 생겼어요. 성인이 되고 사회생활을 시작하게 되면서 군대나 직장에서 누군가가 자신을 신뢰하지 않거나, 억울한 상황이 벌어지면 참을 수 없는 분노가 치밀어 오르면서 인생에 다시 힘든 일이 생길 것 같고 가슴이 답답해진다고 합니다.

심지어 이렇게 이야기하더라고요. "그 선생님의 냄새가 다시 나는 것 같아요." 그 청년은 도대체 하나님이 왜 내게 이런 경험을 하게 하신 것인지, 이것을 어떻게 해석해야 하나며 힘들어했어요.

기억에는 해석이 필요합니다

우리가 겪는 사건에는 언제나 해석이 필요한 것 같아요. 그 모든 사건은 그저 기억으로만 머무르지 않습니다. 그 기억을 어떻게 해석하느냐에 따라서 오늘의 행동이 달라지는 거죠.

앞에서 이야기한 친구는 억울한 일은 결국 정당하게 해결될 것이라 믿으며 살았습니다. 그런데 이상한 일이 일어난 겁니다. 그 일은 순간 마음에 상처를 입는 것으로 끝나지 않아요. 그 친구가 이제껏 믿고 있던 세계관에 상처가 나죠. "이 세상에는 믿을 사람이 아무도 없구나", "이 세상에서는 억울한 일을 당하면 끝이구나!" 믿었던 선생님에 대한 상처가 곧 사람에 대한 불신으로, 억울함에 대한 분노로 연결되는 것입니다.

나쁜 기억이 삶의 전부가 된 사람들

"철저하게 기억해서 직접 복수하라." 이 말은 우리가 들기에 정의롭고 시원한 방법이라고 느껴집니다. 하지만 여러분의 나쁜 기억에 대한 해답이, 철저히 기억해서 복수하겠다는 것이라면 여러분은 나쁜 기억 자체에 삶 전체가 사로잡히고 말 것입니다. 어떤 방법으로든 그 기억으로부터 보상받아야 하기 때문입니다. 나쁜 기억에 대한 연구를 했던 미로슬라브 볼프라는 학자의 이야기를 담은 책, 『기억의 종말』을 소개해드리고 싶어요.

> 피해자가 당한 악행이 지독할수록, 그 악행은 피해자의 정체성에 더 깊이 새겨진다. 때로 그런 피해자는 자신을 특별한 악행을 겪은 사람으로 본다. 그는 "르완다 집단학살의 생존자"이거나 "배신당한 사람"이다. 그가 당한 그 악행이 그의 인생을 규정하는 사건이 된 셈이다.
> 창의적인 업적, 우정, 과거와 현재의 즐거운 사건, 그 밖의 다른 모든 일은 뒷전으로 밀려난다. 악행이 우리를 규정할 때 우리는…"시간 속에서 얼어붙어 성장이 멈춘 왜곡된 정체성"을 입는다.[14]

나쁜 기억을 철저하게 잊지 않겠다는 사람을 만나보신 적 있지요? 그분들의 이야기를 들어보세요. 너무 슬프고 안타까운 사연입니다. 그런데 계속 들어보신 적 있나요? 만날 때마다 똑같은 얘기입니다. 나쁜 기억을 무시하라는 것이 아닙니다. 그 기억이 삶의 전체가 되면 다른 삶이 전부 마비됩니다.

  이분들은 이 슬픔에서 나오려고 하지를 않습니다. 난 누구인가요? 부모님이 이혼한 사람입니다. 난 누구인가요? 어렸을 때 왕따를 당한 사람입니다. 난 누구인가요? 평생을 가난으로 고생한 사람입니다. 그래서 그 기억을 해결하고 보상받는 것이 인생의 전부가 되어버린 것입니다. 기억에 대한 보상을 인생의 목표로 삼는 것은 건강하지도 못하고, 하나님의 뜻도 아닙니다.

  나쁜 기억이 내 삶의 전부가 된 사람들은 그것을 바로잡아 다시 제자리로 돌려놓는 데 인생이 달려있게 돼요. 복수에 실패하면, 돈 버는 데 실패하면, 자녀 교육에 실패하면 나의 인생이 함께 무너지는 거죠. 그러니까 평생 그 기억에서 빠져나올 수 없게 되지요.

  이 시대의 목소리가 여러분에게 모든 것을 기억하고, 절대 잊어선 안 되고, 복수해서 정의를 되찾아야만 한다고 외치니까 우리가 따라간다면, 이것은 이미 우리가 과거에 종속

그 기억이 삶의 전체가 되면
다른 삶이 전부 마비됩니다.

되어있는 것입니다. 이것은 바람직한 해결책이 아닙니다.

기억에서 구원받아야 합니다

하나님은 우리를 나쁜 기억에서 구원하시는 분이십니다. 성경에는 형들에게 질투를 받아서 이집트에 노예로 팔렸던 이스라엘 사람 요셉이라는 인물의 이야기가 나옵니다. 다행히 요셉은 이집트에서 총리가 되지만, 당연히 나쁜 기억은 마음속에 머물러있었겠죠.

훗날 아버지와 형들이 살던 땅에 기근이 들자 요셉은 자신의 형제들을 모두 이집트에 살도록 초청하게 됩니다. 한마디로, 요셉은 형제들의 얼굴을 마주하게 될 것이고 자신이 그들에게 당했던 나쁜 기억들을 끄집어내야 하는 상황을 맞이한 거예요.

요셉과 요셉의 형제들은 과거의 나쁜 일에 대한 해석이 달랐습니다. 요셉의 형제들은 "요셉은 당연히 우리에게 복수할 것이다"라고 단정하고 문제를 풀어갑니다. 그러나 요셉은 다르게 반응하는 모습을 보여주네요.

당신들은 나를 해하려 하였으나 하나님은 그것을 선으로 바꾸사 오늘과 같이 많은 백성의 생명을 구원하게 하시려 하셨나니 (창 50:20).

이것을 히브리 원문으로 보면 요셉이 자신의 나쁜 기억을 해석하는 방법이 더 명확하게 나타나는데, 다시 번역해 보겠습니다.

당신들은 내 인생 위에 악을 생각했다. 그러나 하나님은 내 인생 위에 좋은 것을 생각하셨다.

요셉은 자신의 나쁜 기억을 새로운 스토리에 연결시키고 있어요. "형님들, 형님들이 제 인생에 악을 생각하셔서 제 삶이 악하게 인도받을 것이라고 생각하시죠? 그렇지 않아요. 제 인생은 누가 제게 한 말이나 행동 때문에 나쁜 쪽으로 인도함을 받는 것이 아니라, 하나님이 생각하시는 대로 인도받아요." 이 확신을 말하고 있습니다.

요셉은 "내가 경험한 것, 내가 해석한 것이 곧 나다"라고 말하지 않습니다. 그렇다면 요셉은 누구일까요? 요셉은 스스로를 이렇게 규정합니다. "하나님이 말씀하시는 내가 나다"라고 말입니다. 나의 나쁜 기억들조차 하나님의 의도에 따라 해석되고 사용이 된다는 말입니다. 이것이 바로 그리스도인들이 기억을 해석하는 방법입니다.

그분이 내 삶을 이끌어가시는 스토리가 있습니다. 만약 어떤 사람이 내 삶에서 악한 일을 벌이려는 생각을 갖고 있고, 실제 그 일이 벌어지더라도 그 사건에서조차 선을 생각하시는 하나님이 계시기에 그분이 나를 지키신다고 확신할 수 있는 것입니다. "살면서 이해할 수 없는 일들을 겪지만 그 사건 속에서 선을 생각하시는 하나님이 내 삶의 주인이십니다"라는 고백입니다. 이 새로운 기억의 틀이 내 삶의 중심에 있을 때만이, 복수나 시니컬한 무관심에서 벗어나 소망을 가지고 삶의 여정을 계속해나갈 수 있게 됩니다.

그렇지만 여기서 질문이 생깁니다. 이미 과거 때문에 극심한 피해를 입고 망가질 대로 망가진 삶에 도대체 무슨 소망, 무슨 회복을 기대할 수 있다는 것일까요? 복구, 회복이 가능하다면 다시 일어나고, 다시 돈이 생기고, 다시 잘되어야 한다는 것 아닐까요? 그렇지 않은 상태에서 회복이라는 말은 정신승리같이 느껴집니다.

우리가 복구되지 않은 현실 속에서도 소망을 가질 수 있는 유일한 이유가 있습니다. 내가 예수님의 삶을 기억하면서 나의 삶을 해석한다면, 나는 어떤 나쁜 기억에 대해서도 무너지지 않을 수 있는 믿음이 생깁니다. 아무런 죄가 없는 착한 사람이 나쁜 일을 당한 세계관이 우리에겐 있습니다. 누구의 이야기입니까? 요셉이 가리키고 있었던 진짜 요셉, 두 번째 요셉이신 예수 그리스도의 이야기입니다.

예수님이 죽음을 해석하신 방법

예수님은 아무 죄가 없으셨습니다. 예수님께도 '죄가 없으면 나쁜 일을 당하면 안 되고, 성부 하나님께 순종하면 복을 받는다'는 틀이 있었습니다. 그런데 그분의 인생에서도 그 해석의 틀이 깨져버리고 말았습니다.

예수님은 이 땅에 오셔서 그것을 직접 경험하셨습니다. "아, 성부 하나님, 저에게 새로운 해석의 틀을 주시려고 하는군요. 제가 나쁜 일은 하지 않았지만 하나님은 제가 당한 나쁜 일 위에 새로운 해석을 더하시는군요! 제가 이 일을 당할 때 하나님을 떠났던 나의 친구이자 나의 형제, 나의 백성들이 다시 죄를 씻고 하나님을 볼 수 있는 것이군요!" 예수님은 십자가라는 인생의 나쁜 사건 자체를 스스로 규정하지 않으셨습니다. 나쁜 기억에 대한 해석을 하나님께 위탁하셨습니다. 성경은 그래서 예수님의 삶에 벌어진 나쁜 기억을 이렇게 해석합니다.

> 그는 실로 우리의 질고를 지고 우리의 슬픔을 당하였거늘 우리는 생각하기를 그는 징벌을 받아 하나님께 맞으며 고난을 당한다 하였노라(사 53:4).

우리는 예수님이 죄를 지어서 그런 일이 일어났다고 생각했어요. 그러나 예수님은 자신의 인생에 일어난 나쁜 일에 대한 새로운 해석을 받아들이셨습니다. "하나님은 모든 악한 것과 모든 나쁜 일에서도 선한 것을 만들어내실 수 있는 분입니다." 그분의 이러한 신뢰 때문에 저와 여러분에게 좋은 일이 생겼습니다. 저와 여러분의 삶이 죽음으로 끝나지 않고 예수님을 통해 하나님과 영생을 누릴 수 있게 된 것입니다.

○　"너의 삶의 억울한 경험은
결코 너의 삶을 해치지 못할 거야.
왜냐하면 너 대신
삶의 억울함을 가지고 십자가로 가신
예수님이 계시기 때문이야."

하나님이 기억을 통해 다가오십니다

 예수님을 믿기 전에는, 착한 사람에게 나쁜 일이 일어나는 이 세상엔 더 이상 정의란 없고 돈과 권력이 전부라고 생각했습니다. 그러나 예수님을 믿고 난 뒤로, 삶에서 어떤 일이 벌어질 때마다 이렇게 생각할 수 있습니다.

 '착한 사람에게도 나쁜 일이 벌어질 수 있어. 나의 주님, 예수님이 그렇게 사셨던 분이야. 그런데 그분이 그렇게 사셔서 내가 하나님의 자녀가 되는 선한 일이 발생했잖아? 그분을 따라가는 나의 삶에도 가끔 이해되지 않는 일들이 벌어져. 그때 난 이제 해석할 틀이 생겼어. 내가 선한 일을 할 때에도 나쁜 결과가 다가올 수 있어. 그러나 그 나쁜 일 위에 하나님은 온전히 선한 것을 생각하실 거야. 그래서 타협하지 않을 거야. 나는 상처받은 사람이라고 말하며 굴복하지 않을 거야.' 이 여유와 확신이 생기는 것입니다.

 지적장애인 친구의 실수 때문에 초등학교를 다니는 내내 억울함을 경험해야 했던 그 친구는, 하나님이 자신의 이 나쁜 기억을 일부러 성인이 되어 다시 생각나게 하시는 것 같다고 말했습니다. 기억에 치유가 필요한 순간이었죠. 저는 그 친구에게 억울함을 해석하는 방법을 다시 설명해주었어요.

"너의 삶의 억울한 경험은 결코 너의 삶을 해치지 못할 거야. 왜냐하면 너 대신 삶의 억울함을 가지고 십자가로 가신 예수님이 계시기 때문이야. 그분은 죄가 없으셨지만 억울하게 십자가에서 죽으셨어. 바로 우리의 죄 때문이었지. 나 대신 먼저 억울한 길을 가셨던 예수님을 바라볼 때 알 수 있어. 주님이 나의 억울함과 그로 인한 불이익을 다 가져가셨다면 분명히 내가 지금 느끼는 억울함과 고난들이 결코 내 인생의 앞길을 막지 못하고, 오히려 이 경험을 통해 요셉과 같이 남들을 치유하고 용서하고 돕는 데 사용될 수 있을 거야."

⑧ 부활이 필요하다

#새로운 하늘과 땅 #나쁠 가능성조차 사라지는 곳
#부활 #죽음의 반전 #예수님
#내 영혼을 포기하지 않으시는 분

"기독교가 말하는
종교와 부활…"

"정말 판타지 같은
이야기 아닌가요?"

판타지 덕후를 만나다

 저는 지금까지 판타지 콘텐츠를 좋아하지 않았어요. 영화나 책을 보아도 현실적인 것들을 좋아했죠. 그런데 교회에서 많은 청년을 상대하다보니 넷플릭스를 비롯한 여러 콘텐츠를 통해서 판타지를 즐기는 사람들이 많이 있음을 알게 되었습니다.

 처음엔 이들이 저 우주에서 얼른 현실로 내려오고, 예배나 잘 드렸으면 하는 마음이 있었습니다. 그런데 그 친구들이 제게 질문하더라고요. "하나님을 믿으면 저의 덕후스러운 성향은 없어져야 하나요? 이제 판타지 세계에는 관심을 그만 가져야 하는 것인가요?"

저는 이것이 생각해볼 만한 주제라고 생각했고, 그러다 판타지야말로 우리 삶에 펼쳐질 하나님의 세계라는 결론을 내릴 수 있었어요.

지금까지도 조금씩 말해왔지만 마지막 장에서 다루고 싶은 주제는 기독교의 가장 중요한 주제인, 죽음과 부활의 이야기입니다. 정말 판타지와 같은 이야기이지요. 하지만 왜 요즘 들어 많은 사람이 판타지 콘텐츠에 관심을 갖는지 성경적으로 바라볼 수 있다면, 기독교가 말하는 죽음과 부활에 대한 시각이 얼마나 흥분되는 일인지 이해할 수 있으리라 생각해요.

결말이 중요합니다

아툴 가완디라는 의사는 『어떻게 죽을 것인가』에서 우리의 인생을 '이야기'에 비유했어요. 만약 우리 삶이 하나의 이야기라면, 그 이야기에서 가장 중요한 것은 결말이라는 것이죠.

결국 사람들이 자신의 삶을 조망할 때는 단순히 매 순간을 평균 내서 평가하지 않는다. …이야기 전체를 어떻게 이해할 것인지 인식하려 한다. 그리고 이는 이야기가 궁극적으로 어떻게 끝나는지에 따라 지대한 영향을 받는다. 미식축구 팬이 마지막 몇 분 동안 일이 잘 안 풀렸다고 해서 이전 세 시간 동안 행복했던 시간을 모두 망쳤다고 기억하는 까닭은 무엇일까? 그 경기가 하나의 이야기이기 때문이다. 그리고 이야기에서는 결말이 중요하다.[15]

성경은 예수님을 삶의 주인으로 받아들이는 사람에게는 삶의 끝에서 판타지가 현실이 되는 일이 일어난다고 약속하고 있어요. 그것이 바로 영원히 사는 삶, 죽음을 이기는 삶, 부활이지요.

형제들아 자는 자들에 관하여는 너희가 알지 못함을 우리가 원하지 아니하노니 이는 소망 없는 다른 이와 같이 슬퍼하지 않게 하려 함이라 우리가 예수께서 죽으셨다가 다시 살아나심을 믿을진대 이와 같이 예수 안에서 자는 자들도 하나님이 그와 함께 데리고 오시리라 (살전 4:13-14).

왜 우리는 판타지에 열광하게 된 걸까요

왜 요즘 사람들은 점점 "어벤져스"와 같은 슈퍼히어로물, SF물을 좋아하는 걸까요? 현실을 넘어선 세계가 진실로 존재했으면 하는 갈망이 인간 안에 있기 때문입니다. 그래서 『반지의 제왕』을 쓴 J. R. R. 톨킨은 자신의 에세이에서 사람들이 판타지에 열광하는 이유를 기독교가 잘 설명해준다고 말했어요. 그의 말에 제 해석을 조금 가미해 번역해보겠습니다.

인간은 시간과 공간의 깊이를 탐험하고 싶은 갈망이 있습니다. 그리고 인간이 아닌 다른 생명체와 교류하고 싶어 하는 갈망이 있지요. …판타지에서는 동물들과 새들이 인간처럼 말을 하곤 합니다. …저는 기독교의 복음이 이 모든 판타지들을 담아낼 수 있는 그릇이라고 생각해요. …그리고 이 복음의 이야기는 판타지가 아니라 실제로 인간의 역사로 들어왔지요. 예수님이 이 땅에 태어나신 사건은 죽음을 앞둔 인간 역사에서 판타지와 같은 대역전이자 전화위복(eucatastrophe)의 사건이 됩니다. 예수님의 부활도 마찬가지이지요.[16]

톨킨의 말을 요약하자면, 이런 모든 판타지물은 사실 성경의 실제 세계를 그림자와 같이 보여주는 작품들이라는 것입니다.

이제 다 큰 어른이 판타지 영화를 보러 간다고 한숨 쉬지 않으셔도 됩니다. 그것은 인간의 당연한 갈망이에요. 오히려 다른 세계를 그리워하고, 사모하는 것은 인간의 자연스러움입니다. 성경의 부활 교리는 판타지를 추구하는 인간의 모습을 가장 잘 설명해줍니다. 바로 그 갈망이 예수 그리스도를 통해서 펼쳐질 새 하늘과 새 땅에서 이루어짐을 보여주고 있는 것이죠.

저도 그래서 제가 만나는 교회 청년들에게 판타지를 보는 것은 현실 도피도 아니고, 자연스러운 일이라고 설명하기 시작했어요. 오히려 이를 통해 육체를 넘어선 세계가 있음을 상상하기에 좋으니까요.

부활은 물리적입니다

하지만 많은 분에게는 기독교 부활의 교리가 그렇게 매력적으로 다가오지 않는 듯합니다. 구름 위에 둥둥 떠서 살면

오히려 다른 세계를 그리워하고,
사모하는 것은
인간의 자연스러움입니다.

재미있을까요? 평생 예배만 드리며 사는 그곳이 천국일까요? 천국에는 맛집이 있을까요? 차마 물어보진 못했지만, 사실 이런 것들이 궁금하지 않으셨나요? 차라리 여기서 맛집을 찾아다니며 사는 것이 더 재미있을 것 같지 않나요?

이제 구체적으로 부활의 속성을 통해 기독교의 매력을 소개해드리려고 해요.

먼저, 우리의 부활은 물리적이에요. 부활한 이후 새로운 하나님 나라에 대해서 요한계시록 21장 1절은 이렇게 기록하고 있어요.

또 내가 새 하늘과 새 땅을 보니 처음 하늘과 처음 땅이 없어졌고 바다도 다시 있지 않더라.

새 하늘과 새 땅(a new heaven and a new earth)이 있습니다. 하나님은 영적인 세계의 주인이시자, 물리적인 세계의 주인이십니다. 그러므로 우리가 새롭게 맞이하게 되는 곳에도 땅과 하늘이 있습니다. 우리는 육체를 가지고 살게 될 것입니다. 물리적인 것을 만지고, 보게 될 것입니다.

하늘과 땅의 새로 고침

성경에서 말하는 새로운 하늘과 땅은 아예 다른 실체가 아니라 '새로 고침'의 의미입니다. 즉 갱신된다는 말이죠. 질적인(quality) 새로움을 뜻합니다. 퀄리티가 달라지는 것입니다. 그러므로 우리가 새롭게 살게 될 물리적인 새 하나님 나라는 지금 이 땅에 사는 내 삶과 연결된 부분도 있지만, 그 연결된 것이 분명히 갱신된 형태로, 새로 고침 된 형태로 나타나게 될 것입니다.

예수님이 다시 오실 때 우리가 살게 될 삶은 물리적인 삶, 몸이 있는 삶이 될 것입니다. 이 말을 듣고 당황하시는 분들이 계십니다. "지금 제 몸매로, 제 외모로 천국에서 영원히 산다는 것은 생각만 해도 끔찍해요"라고 말씀하시는 분들이 있습니다. 아닙니다. 완전히 똑같은 얼굴로 살게 된다는 뜻이 아니라, 하나님이 원래 계획하신 완벽한 모습과 형태로 살게 된다는 말입니다. 그러니 물리적인 부활도 안심하셔도 되겠지요?

씨앗과 꽃을 비교해보세요. 닮은 점이 전혀 없습니다. 그러나 긴밀하게 연결성이 있음을 이해하실 수 있겠지요? 아직 보이지 않는 씨앗을 온전하게 싹 틔우는 일은 언제나 꽃과 연결되어있습니다. 하나님이 이 땅에서 내게 주시는 일을 완전히 꽃피우지 못해서 아쉽거나 실망하고 계신 분들이 있다면, 안심하세요. 지금은 씨앗의 단계이며, 포기하지 않고 모든 삶의 영역에서 하나님과 동행할 때 열매가 맺힐 것입니다. 고린도전서 15장에 바로 이 씨앗과 꽃의 비유가 나옵니다.

> 누가 묻기를 죽은 자들이 어떻게 다시 살아나며 어떠한 몸으로 오느냐 하리니 어리석은 자여 네가 뿌리는 씨가 죽지 않으면 살아나지 못하겠고…죽은 자의 부활도 그와 같으니 썩을 것으로 심고 썩지 아니할 것으로 다시 살아나며(고전 15:35-42).

우리가 쉽게 상상하기는 어렵지만, 부활 이후의 세계는 분명히 지금의 현실과 연결성을 가진 세계가 될 것입니다. 이 말을 에두아르트 투르나이젠이라는 신학자가 이렇게 정리했습니다.

그러므로 우리가 예수 그리스도의 재림 때 들어갈 세상은 또 다른 세상이 아니다. 그것은 이 세상, 이 하늘, 이 땅이다. 그러나 사라진 동시에 새로워진 세상이다. 구속의 무대는 바로 이 숲, 이 들판, 이 도시, 이 거리, 이 사람들일 것이다. 이 세상은 현재는 아직 성취되지 않은 완성으로 인한 분투와 슬픔으로 가득한 전쟁터이지만 그때는 눈물로 뿌린 씨에서 영원한 곡식 단을 거두어 집으로 가져갈 승리의 들판, 수확의 들판이 될 것이다.[17]

나쁜 것이 영원히 사라진 세계

부활의 세계는 나쁜 것이 영원히 사라진 세계입니다. 요한계시록 21장 4절을 보겠습니다.

모든 눈물을 그 눈에서 닦아주시니 다시는 사망이 없고 애통하는 것이나 곡하는 것이나 아픈 것이 다시 있지 아니하리니 처음 것들이 다 지나갔음이러라.

간단히 말해 하나님 나라는 악의 가능성마저 사라진 곳

입니다. 현재 안전하고, 현재 기분 좋아도 왜 인간은 끊임없이 두려워하고 불안해하는 것입니까? 앞으로 다가올지 모를 고난, 경험할지 모를 악, 겪을지도 모를 위험들 때문이 아닐까요? 지금은 건강하지만 병에 걸릴 가능성이 있다는 사실이 우리를 마음 졸이게 합니다. 지금은 내가 사랑하는 사람이 안전하지만 위험한 순간이 올 수도 있다는 그 가능성이 우리의 마음을 무겁게 하지요.

그러나 요한계시록은 하나님 나라에는 다시는 사망이 없다고 기록하고 있습니다. 악의 가능성마저 영원히 사라지는 것이 주님의 재림 때에 일어날 일입니다.

죽는 이유가 바뀝니다

그럼 질문이 생깁니다. 예수님을 믿으면 영원히 산다고 했는데 왜 우리는 죽음을 겪어야 할까요? 고통스러운 죽음의 과정을 거치지 않고 즉시 하늘로 올라가면 안 되는 것일까요? 이 질문은 우리가 무엇을 믿는지를 정리한 "하이델베르크 교리문답 42문"에서 다루는 내용입니다. 그 질문과 답을 소개합니다.

질문 : "그리스도께서 우리를 위해 죽으셨는데 왜 우리는 여전히 죽어야 합니까?"
답 : "우리의 죽음은 우리 죄에 대한 대가가 아니라 죄에 대해 죽는 것이요 영생에 들어가는 것일 뿐입니다."

그러므로 죽음은 나의 연약한 모든 것에 마침표를 찍을 것입니다. 하나님이 원하시는 삶을 살지 못하는 것을 성경에서 죄라고 합니다. 그런데 부활한 이후에는 이 죄를 짓는 일이 더 이상 일어나지 않게 되는 거죠. 이것은 매우 감격스러운 말입니다.

우리가 예수님을 믿고 나서도 제일 힘들 때가 언제인가요? 다시 유혹받고, 다시 무너지는 우리의 모습 때문이 아니던가요? 내가 지금은 일시적으로 악한 마음과 싸우며 살아가지만, 예수님을 믿는 삶에서 부활 이전의 죽음은 이제 다른 의미를 갖습니다. 이 땅에서의 죽음은 '죄의 가능성마저 죽이는' 마지막 싸움이 됩니다.

땅에서 한 일의 완성을 보게 되는 곳

제가 만난 많은 청년과 이야기를 나누다보면 이런 생각

들로 힘들어하고 있었어요. 회사에서 여러 가지 기획이나 프로젝트를 진행하고 디자이너로서, 작곡가로서 많은 시안을 만들고 샘플 음악을 만들지만 그것들이 세상의 빛을 보지 못하고 허무하게 사라지는 경우가 너무 많다는 것이죠. 그럴 때마다 내가 이 땅에서 아무리 열심히 해도 빛을 보지 못하는 일들이 수두룩하니, 사역자로 살지 않는 내가 열심히 일을 한들 천국에 가서 그게 무슨 의미가 있느냐고요.

결코 그렇지 않습니다. 지금 우리가 하는 일은, 부활 이후 우리가 들어갈 새 하늘과 새 땅과 연결된 일입니다. 다른 구절들을 읽어보겠습니다.

> 만국이 그 빛 가운데로 다니고 땅의 왕들이 자기 영광을 가지고 그리로 들어가리라…사람들이 만국의 영광과 존귀를 가지고 그리로 들어가겠고 무엇이든지 속된 것이나 가증한 일 또는 거짓말하는 자는 결코 그리로 들어가지 못하되 오직 어린양의 생명책에 기록된 자들만 들어가리라 (계 21:24-27).

사람들이 만국의 영광과 존귀를 가지고 새 하늘과 새 땅에 들어간다고 합니다. 무슨 말일까요? 이 땅에서 각 사람들이 이루어놓은 것들 중에 하나님의 형상인 인간의 삶을 풍요롭게 하고, 가치 있게 하는 모든 것은 이 땅에서만 쓰다가 사라지는 게 아니라는 중요한 말입니다.

내가 회사나 학교에서 배우고 적용하고 개발했던 그 지식, 그 작품, 그 프로젝트가 많이 있잖아요? 걱정하지 마세요. 그 기술이 새 예루살렘을 만드는 데 쓰이게 되면서 그 시도가 완성된다는 뜻입니다.

내가 만든 문화가 남습니다

그러므로 여러분이 하나님의 형상인 인간을 풍요롭게 하기 위해 이 땅에서 생각하고, 개발하고, 제작하고, 실행하는 모든 문화와 작품은 남게 될 거예요. 그래서 여전히 오늘의 내 일터에서의 내 삶은 소중합니다.

오늘 내가 만든 예술 작품, 그것이 삶을 풍요롭게 하고 성경적 가치와 소망을 나타내고 있나요? 그 노력이 결코 헛되지 않고 그 새로운 도시, 새 하늘과 새 땅을 꾸미는 데 쓰이게 될 것입니다. 이것은 지겹고 단조롭게만 여겨지던 우리의 한 주와 일을 바라보는 관점, 즉 일의 신학을 완전히 바꾸는 혁명적인 말입니다.

지금 인테리어를 하고 계신 분이 있으신가요? 도시 기획을 공부하시나요? 부동산을 개발하시나요? 언어를 연구하고 계신가요? 우리는 천국에서 그 지식, 그 아이디어의 완성된 형태로 새 예루살렘을 꾸미게 될 것입니다. 여기서 네덜란드 수상이자 기독교 지도자였던 아브라함 카이퍼의 말을 소개해드리고 싶네요.

> 자연세계를 향한 우리 인간의 지배와 통치가 영원세계에서 완성될 것이 사실이라면 당연히 우리가 지금까지 자연세계를 다스리고자 지녀왔던 모든 지식은 앞으로 펼쳐질 영광의 왕국에서도 계속적인 중요성을 지니게 될 것이다.[18]

지금 우리는 돈을 벌기 위해, 단순히 생존을 위해 일터에서 일을 하고 있는 것 같지만, 결코 소망을 잃지 마세요. 나는 현재를 살아감과 동시에 영원에 참여하고 있습니다. 이것이 기독교인들이 가진 부활의 소망입니다.

지금 우리가 하는 일은,
부활 이후 우리가 들어갈
새 하늘과 새 땅과 연결된 일입니다.

부활은 누가 준비할까요

그렇다면 이 부활과 새로운 도시인 물리적인 세계는 누가 설계하고 준비할까요? 이에 대해서도 전혀 염려할 필요가 없어요. 내가 영원히 마음껏 뛰어놀고 일하고 즐길 수 있는 부활의 새로운 도시를 준비하시는 분은 따로 계십니다. 하나님이 그 도시를 직접 준비하십니다.

또 내가 보매 거룩한 성 새 예루살렘이 하나님께로부터 하늘에서 내려오니 그 준비한 것이 신부가 남편을 위하여 단장한 것 같더라 (계 21:2).

요한계시록 전체에서 '준비하다', '예비하다'라는 말은 모두가 인간의 행동이 아니라 하나님이 행동하시는 것으로 표현되고 있어요. 무슨 말일까요? 우리는 예수님의 자녀로 완전하게 준비되지 못했지만, 나를 위해서 예수님이 모두 준비해놓으시겠다는 말입니다.

다 이루신 예수님

하나님은 모든 일을 이루어내시는 분이십니다. 성경 처음 부분에는 하나님이 모든 것을 이루어놓으셨음이 이렇게 기록되어있습니다.

> 하나님이 그가 하시던 일을 일곱째 날에 마치시니 그가 하시던 모든 일을 그치고 일곱째 날에 안식하시니라(창 2:2).
> And on the seventh day **God finished** his work that he had done(ESV).

하나님은 천지를 창조하시고, 완성하신 곳에서 우리를 쉬게 해주셨습니다. 그러나 우리가 스스로 하나님을 떠나고 범죄하면서, 우리는 그곳에 다시 들어갈 수 없었습니다. 우리는 다시 하나님이 주시는 안식에 들어가지 못할 운명이었지만, 우리 대신 다시 들어갈 수 있도록 모든 일을 준비하시고 다 이루신 분이 계세요. 그 하나님이 똑같이 성경에서 말씀하셨습니다. 인간의 몸을 입으신 하나님, 예수 그리스도께서 십자가에서 이렇게 고백하셨습니다.

예수께서 신 포도주를 받으신 후에 이르시되 다 이루었다 하시고 머리를 숙이니 영혼이 떠나가시니라(요 19:30).
He said, "**It is finished**", and he bowed his head and gave up his spirit(ESV).

예수님은 다 이루셨습니다. 자신의 영혼을 포기하심으로, 내 영혼이 새로운 예루살렘에 들어가게 만드는 일을 포기하지 않으신 겁니다.

확실히 들어갑니다

그러므로 확신할 수 있습니다. 어떻게 내가 새 예루살렘이라는 도시에 들어갈까요? 내 영혼을 포기하지 않으신 분이 있기 때문에 들어갑니다. 그러므로 이 땅에 어떤 고난이 있어도, 어떤 실패가 있어도 확신할 수 있습니다. 자기 영혼을 포기하셔서 내 영혼을 살리셨다면, 실패처럼 보이는 나의 모든 인생의 여정도 회복시키셔서 새 하늘과 새 땅에서 완성하게 하실 것임을 말입니다.

부활은 가슴 벅찬 일입니다. 예수님을 삶의 인도자로, 주인으로 받아들임을 통해 이 부활에 참여하시기를 권해드려요. 이 책을 통해 새 하늘과 새 땅에서 저는 여러분을 다시 만나보고 싶습니다.

수능을 기다리던 저의 후배는 이제 판타지가 현실이 되는 부활을 기다리는 사람으로 바뀌었습니다. 오늘도 저는 같은 교회에서 그 후배와 함께 복음을 전하는 일을 하고 있습니다. 평범한 학생이고, 평범한 직장인이었던 제 후배도 신앙에 대한 의심과 고민의 시간을 거쳐 하나님을 믿는 믿음에 이를 수 있었다면, 여러분에게도 결코 어려운 일이 아닐 겁니다. 이 책을 통해 후배에게 전해진 복음이 여러분에게도 전달되기를 기도합니다. 이 땅의 것은 곧 지나가지만, 우리는 이곳에서 새 하늘과 새 땅을 함께 기다리는 사람들입니다.

> 내가 들으니 보좌에서 큰 음성이 나서 이르되 보라 하나님의 장막이 사람들과 함께 있으매 하나님이 그들과 함께 계시리니 그들은 하나님의 백성이 되고 하나님은 친히 그들과 함께 계셔서 모든 눈물을 그 눈에서 닦아주시니 다시는 사망이 없고 애통하는 것이나 곡하는 것이나 아픈 것이 다시 있지 아니하리니 처음 것들이 다 지나갔음이러라 (계 21:3-4).

친구를 위한
복음

에필로그

복음을 통한 새로운 발견

_김현수 (한사람교회 전도사)

 고등학교 2학년 여름이었습니다. 교실에 굴러다니던 이면지 한 장을 우연히 챙기게 되었고, 평소 같았으면 그냥 지나쳐버리고 말았을 그 이면지 속 선배에게 꼭 연락을 해야겠다는 마음이 들었습니다. 선배의 글을 잘 봤다는 내용의 메일을 보냈고, 지금의 서창희 강도사님을 만났습니다. 선배처럼 좋은 대학에 들어가서 성공하고 싶다는 저에게, 그 선배는 꼭 교회를 나가라고 권유했습니다. 어색하고 귀찮았지만, 왠지 '기도를 열심히 하면 저 형처럼 명문대에 갈 수 있지 않을까' 하는 기대감에 형식적으로 교회를 나가기 시작했습니다.

고등학교 3학년이 되었고, 생전 나가본 적 없는 교회를 1년 동안 열심히 나가면서 수능을 봤습니다. 결과가 어땠을까요? 아쉽게도 저는 목표한 대학에 진학하지 못했습니다. 저 선배처럼 기도하면서 열심히 하면 내 뜻대로 될 줄 알았는데, 그렇지 않았던 거죠. 결국 원하지 않던, 기대했던 수준이 아닌 대학에 진학했고, 마음대로 학교를 다니기 시작했습니다. 당시 사람들이 해준 말들과 내가 처한 상황이 이 상태로 가다가는 인생이 망할 거라고 이야기하는 것만 같았습니다.

당시 군복무 중이던 서창희 강도사님과 통화를 하게 되었습니다. "형, 저 재수하려고요." 그때 강도사님이 했던 조언이 아직도 기억이 납니다. "현수야, 나는 지금 네가 다니는 그 대학에서 너의 꿈을 찾기를 바란다. 그곳에서 열심히 하는 것만으로도, 너의 꿈을 펼치기에 충분해." 그때 그 조언이 굉장히 따뜻함으로 다가왔습니다. 그 말 때문에 계속 대학을 다니며 전진해보기로 결정했습니다.

무너짐 가운데서 피어난 평안함

하지만 막상 마음을 먹었어도, 학교는 여전히 마음에 들지 않았고 이렇게 원치 않는 길을 가야 된다는 제 자신에 대한 후회와 안타까움도 계속해서 남아있었습니다. 그 후로 학교를 다니다가, 군대를 제대하고 나서 영상 전공을 살려 작은 스타트업을 시작했습니다.

그렇게 사업에 매진하면서 학교를 졸업할 준비를 하던 어느 날, 저희 학교가 정부에서 선정한 창업선도대학에 뽑혔다는 이야기를 들었습니다. 그것이 기회가 되어 마침 학생으로 사업을 하고 있던 저를 학교가 선발해 큰 투자를 해주게 되었고, 그걸 발판 삼아 꿈꾸던 사업을 펼치며 강사가 50명이 넘는 외국어 교육 업체의 CEO가 될 수 있었습니다.

그때 제 삶에 큰 깨달음이 찾아왔습니다. 그것은 '역시 형 말대로 기도하면서 노력하니까 하나님이 복을 주셨구나'와 같은 것이 아니었습니다. '인생에는 눈앞에 있는 성공과 실패를 넘어서는 무언가가 있구나. 내가 처한 이 상황 너머에 나는 알 수 없는 무언가로부터 내 삶의 의미가 발견될 수 있는 거구나'라고 깨달아졌습니다.

그때부터 그렇게 4년 동안 믿던 제 학교가 정말 감사하고, 좋아지기 시작했습니다. 저에게 지원금을 주었기 때문에 학교가 좋아진 게 아닙니다. 학교는 여전히 마음에 안 들던 그 모습 그대로였습니다. 그런데 '내 삶의 무너진 상황'을 바라보는 제가 변했습니다. 제 안에 그 상황 그대로를 두려움 없이, 평안하게 받아들일 수 있는 따뜻함이 생겼다는 것을 확신할 수 있었습니다. 그리고 나중에 그것이 바로 복음인 것을 알게 되었습니다.

그때부터 제 눈에 주변의 동료, 가족, 친구들이 보이기 시작했습니다. 사랑하는 사람들이 겪는 삶의 여러 어려움들은 결국 그 상황 자체 때문이 아니라, 상황 너머에 있는 존재를 만나지 못했기 때문이라는 것을 명확하게 알 수 있었습니다.

그래서 전도를 시작했습니다. 친구와 진지하게 삶에 대해 이야기하는 것이 재미있었습니다. 내 조언을 통해 친구가 변하거나 회심하면 그 어떤 때보다도 큰 기쁨을 느꼈습니다. 이 재미와 기쁨이 모두 복음으로부터 나오는 것임을 발견할 수 있었고, 여기에 내 삶을 온전히 쓰고 싶다는 생각이 곧 사역자로의 부르심임을 깨닫게 되었습니다.

이 길의 끝에 서 계신 하나님

이제 저는 서른이 되었고, 올해 처음으로 아들이 태어납니다. 제 또래라면 누구나 공감하겠지만, 이것이 여러 가지가 완벽하게 준비된 상황 속에서 다가오는 것 같지는 않습니다. 아이를 키우는 것 또한 앞으로 어떤 상황을 초래할지 모르겠습니다. 그러나 이제 분명히 확신할 수 있는 건 하나님이 이 불확실한 상황을 넘어서서 저와 함께하신다는 것입니다. 그래서 두렵더라도 평안할 수 있습니다.

최근에 은퇴하신 부모님이 계속해서 삶에 대해 고민하시는 걸 보면서, 사람의 인생은 나이의 많고 적음에 상관없이 모두 똑같이 길 위에 서있다는 것을 알게 되었습니다. 우리는 이 땅에서 평생에 걸쳐 그 길의 끝을 향해 가야 하는 것입니다. 저희 교회 싱어송라이터 이재황 형제가 작곡한 '이끄소서'라는 찬양이 있습니다. 찬양 가사에 이런 부분이 있습니다. "사람이 자기의 길을 걸을지라도, 마지막 그곳에 주님이 계시네."

만약 여러분 주변의 소중한 누군가로부터 이 책을 선물

받았다면, 그리고 혹시 이 책을 읽고 마음속에 뭔가 알 수 없는 용기와 따뜻함이 생겨났다면, 부디 그 감정을 그냥 놓아버리지 않으셨으면 좋겠습니다. 그 용기와 따뜻함을 간직한 채, 이 길의 끝에서 여러분을 부르고 계시는 하나님을 만나시길 소망합니다.

주

1) 니코스 카잔차키스, 『그리스인 조르바』, 문예출판사, p. 211.
2) C. S. 루이스, 『순전한 기독교』, 홍성사, p. 215.
3) 찰스 테일러, 『불안한 현대 사회』, 이학사, pp. 53-55.
4) 폴 칼라니티, 『숨결이 바람 될 때』, 흐름출판, pp. 198-203.
5) 백세희, 『죽고 싶지만 떡볶이는 먹고 싶어』, 도서출판 흔, pp. 155-56.
6) tvN, "그 녀석들의 이중생활".
7) 백세희, 앞의 책, p. 156.
8) 같은 책, pp. 157-58.
9) https://www.nytimes.com/2012/04/15/opinion/sunday/the-downside-of-cohabiting-before-marriage.html
10) 어네스트 베커, 『죽음의 부정』, 인간사랑, pp. 285-93.
11) 같은 책, p. 294.
12) 같은 책, p. 295.
13) 윤신원, "'집·결혼 포기하니 행복해요'… 미래보다 현재에 집중하는 2030", 아시아경제, 2018년 8월 28일. https://news.naver.com/main/read.nhn?mode=LSD&mid=sec&sid1=102&oid=277&aid=0004303849
14) 미로슬라브 볼프, 『기억의 종말』, IVP, pp. 113-14.
15) 아툴 가완디, 『어떻게 죽을 것인가』, 부키, pp. 364-65.
16) J. R. R. Tolkien, *Tree and Leaf* (New York: HarperCollins, 2001), "On Fairy-Stories"의 내용 중 중요 부분을 요약했습니다.
17) 앤서니 후크마, 『개혁주의 종말론』, p. 390. Edward Thurneysen, "Christus und seine Zukunft," in Zweischen den Zeiten, 1931, p. 209에서 인용. 영어 번역본은 *The Nature of the Resurrection Body*, trans. J. A. Schep, pp. 218-19.
18) 같은 책, p. 397. Abraham Kuyper, *De Gemeene Gratie* (Amsterdam: Hoveker & Wormser, 1902), I, pp. 482-83에서 인용. Berkhof, *Meaning*, p. 191에서 재인용.

사명선언문

너희가 흠이 없고 순전하여……세상에서 그들 가운데 빛들로
나타내며 생명의 말씀을 밝혀 _ 빌 2:15-16

1. 생명을 담겠습니다
만드는 책에 주님 주신 생명을 담겠습니다.
그 책으로 복음을 선포하겠습니다.

2. 말씀을 밝히겠습니다
생명의 근본은 말씀입니다.
말씀을 밝혀 성도와 교회의 성장을 돕겠습니다.

3. 빛이 되겠습니다
시대와 영혼의 어두움을 밝혀 주님 앞으로 이끄는
빛이 되는 책을 만들겠습니다.

4. 순전히 행하겠습니다
책을 만들고 전하는 일과 경영하는 일에 부끄러움이 없는
정직함으로 행하겠습니다.

5. 끝까지 전파하겠습니다
모든 사람에게, 땅 끝까지, 주님 오시는 그날까지
복음을 전하는 사명을 다하겠습니다.

서점 안내

광화문점	서울시 종로구 새문안로 69 구세군회관 1층 02)737-2288 / 02)737-4623(F)
강남점	서울시 서초구 신반포로 177 반포쇼핑타운 3동 2층 02)595-1211 / 02)595-3549(F)
구로점	서울시 동작구 시흥대로 602, 3층 302호 02)858-8744 / 02)838-0653(F)
노원점	서울시 노원구 동일로 1366 삼봉빌딩 지하 1층 02)938-7979 / 02)3391-6169(F)
일산점	경기도 고양시 일산서구 중앙로 1391 레이크타운 지하 1층 031)916-8787 / 031)916-8788(F)
의정부점	경기도 의정부시 청사로47번길 12 성산타워 3층 031)845-0600 / 031)852-6930(F)
인터넷서점	www.lifebook.co.kr